Interkulturelle Lehrkompetenz

Konzeption eines Kompetenzprofils für Dozentinnen

am Beispiel der Dualen Hochschule Baden-Württemberg

KULTUR – KOMMUNIKATION – KOOPERATION

herausgegeben von Gabriele Berkenbusch und Katharina von Helmolt

ISSN 1869-5884

12 Ciara Hogan, Nadine Rentel, Stephanie Schwerter (eds.)
    Bridging Cultures: Intercultural Mediation in Literature, Linguistics
    and the Arts
    ISBN 978-3-8382-0352-2

13 Katharina von Helmolt, Gabriele Berkenbusch, Wenjian Jia (Hg.)
    Interkulturelle Lernsettings
    Konzepte – Formate – Verfahren
    ISBN 978-3-8382-0349-2

14 Alexandra Bauer
    Identifikative Integration
    Über das Zugehörigkeitsgefühl von Migranten und Migrantinnen
    zu ihrer Aufnahmegesellschaft
    ISBN 978-3-8382-0382-9

15 Melanie Püschel
    Emotionen im Web
    Die Verwendung von Emoticons, Interjektionen und emotiven Akronymen in
    schriftbasierten Webforen für Hörgeschädigte
    ISBN 978-3-8382-0506-9

16 Friederike Barié-Wimmer, Katharina von Helmolt, Bernhard Zimmermann
    Interkulturelle Arbeitskontexte
    Beiträge zur empirischen Forschung
    ISBN 978-3-8382-0637-0

17 Nicola Düll, Katharina von Helmolt, Begoña Prieto Peral,
    Stefan Rappenglück, Lena Thurau (Hg.)
    Migration und Hochschule
    Herausforderungen für Politik und Bildung
    ISBN 978-3-8382-0542-7

18 Sara Dirnagl
    „Because here in Germany". Kategorisierung und Wirklichkeit
    Eine dynamische Membership Categorization Analysis von Migrationsberatungsgesprächen
    ISBN 978-3-8382-1005-6

19 Astrid Lohöfer, Kirsten Süselbeck (Hg.)
    Streifzüge durch die Romania
    Festschrift für Gabriele Beck-Busse zum 60. Geburtstag
    ISBN 978-3-8382-1000-1

Yvonne Weber

INTERKULTURELLE LEHRKOMPETENZ

Konzeption eines Kompetenzprofils für Dozentinnen am Beispiel
der Dualen Hochschule Baden-Württemberg

ibidem-Verlag
Stuttgart

Bibliografische Information der Deutschen Nationalbibliothek
Die Deutsche Nationalbibliothek verzeichnet diese Publikation in der Deutschen Nationalbibliografie; detaillierte bibliografische Daten sind im Internet über http://dnb.d-nb.de abrufbar.

Bibliographic information published by the Deutsche Nationalbibliothek
Die Deutsche Nationalbibliothek lists this publication in the Deutsche Nationalbibliografie; detailed bibliographic data are available in the Internet at http://dnb.d-nb.de.

Coverabbildung: iStock.com/svetikd

∞
Gedruckt auf alterungsbeständigem, säurefreien Papier
Printed on acid-free paper

ISSN: 1869-5884

ISBN-13: 978-3-8382-1144-2

© *ibidem*-Verlag
Stuttgart 2017

Alle Rechte vorbehalten

Das Werk einschließlich aller seiner Teile ist urheberrechtlich geschützt. Jede Verwertung außerhalb der engen Grenzen des Urheberrechtsgesetzes ist ohne Zustimmung des Verlages unzulässig und strafbar. Dies gilt insbesondere für Vervielfältigungen, Übersetzungen, Mikroverfilmungen und elektronische Speicherformen sowie die Einspeicherung und Verarbeitung in elektronischen Systemen.

All rights reserved. No part of this publication may be reproduced, stored in or introduced into a retrieval system, or transmitted, in any form, or by any means (electronic, mechanical, photocopying, recording or otherwise) without the prior written permission of the publisher. Any person who does any unauthorized act in relation to this publication may be liable to criminal prosecution and civil claims for damages.

Printed in the EU

Inhaltsverzeichnis

VORWORT 7

1 EINLEITUNG 9

1.1 PROBLEMSTELLUNG UND ZIELSETZUNG 9
1.2 VORGEHENSWEISE 11

2 BEGRIFFSABGRENZUNGEN UND DEFINITIONEN 13

2.1 DER KULTURBEGRIFF 13
2.1.1 KULTUR 13
2.1.2 MULTIKULTURALITÄT - INTERKULTURALITÄT 15
2.2 DER KOMPETENZBEGRIFF 16
2.2.1 KOMPETENZ 16
2.2.2 INTERKULTURELLE KOMPETENZ 19
2.2.3 AKADEMISCHE LEHRKOMPETENZ 20
2.3 INTERKULTURELLE LEHRKOMPETENZ IM HOCHSCHULBEREICH 22

3 AKTUELLER FORSCHUNGSSTAND ZU INTERKULTURELLER KOMPETENZ IN DER HOCHSCHULLEHRE 25

3.1 SYSTEMATISIERUNG VON KOMPETENZEN ANHAND VON MODELLEN 25
3.2 BEITRÄGE ZU INTERKULTURELLER KOMPETENZ IN DER (HOCHSCHUL-) LEHRE 28

4 BEZUGSRAHMEN INTERKULTURELLER LEHR-LERNSITUATIONEN AN DER DUALEN HOCHSCHULE BADEN-WÜRTTEMBERG (DHBW) 35

4.1 DER BEZUGSRAHMEN ALS ZWEI-EBENEN-MODELL 35
4.2 EINFLUSSFAKTOREN AUF DER MAKROEBENE 36
4.2.1 DIE HOCHSCHULART DHBW 36
4.2.2 BILDUNGSZIEL DER DHBW 38
4.2.3 CURRICULARE VORGABEN UND IHRE UMSETZUNG 40
4.3 EINFLUSSFAKTOREN AUF DER MIKROEBENE 42
4.3.1 DIDAKTISCHES KONZEPT 42
4.3.2 MULTIKULTURELLE STUDIERENDENGRUPPEN 45
4.3.3 ENGLISCH ALS LINGUA FRANCA IN DEN LEHRVERANSTALTUNGEN 48
4.4 ZWISCHENFAZIT: KONTEXTUELLE ANFORDERUNGEN AN DOZENTINNEN 50

5 GANG DER UNTERSUCHUNG 55

5.1 DATENERHEBUNG AN DER DHBW RAVENSBURG 55
5.1.1 TRIANGULATION QUALITATIVER DATENERHEBUNGSMETHODEN 55
5.1.2 BEFRAGUNG VON INTERNATIONALEN STUDIERENDEN 58
5.1.3 BEFRAGUNG VON NATIONALEN STUDIERENDEN 61
5.1.4 EXPERTENINTERVIEWS MIT DOZENTINNEN 62
5.1.5 TEILNEHMENDE BEOBACHTUNG IN VORLESUNGEN 64
5.1.6 KRITISCHE REFLEXION DER DATENERHEBUNG 66
5.2 DATENAUSWERTUNG 68
5.2.1 INHALTLICHE STRUKTURIERUNG ANHAND DER QUALITATIVEN INHALTSANALYSE 68
5.2.2 ERWARTUNGEN DER INTERNATIONALEN STUDIERENDEN 73
5.2.3 ERWARTUNGEN DER NATIONALEN STUDIERENDEN 80
5.2.4 AUSSAGEN DER DOZENTINNEN 86
5.2.5 EIGENE BEOBACHTUNGEN 93
5.2.6 KRITISCHE REFLEXION DER DATENAUSWERTUNG 101

6 DIMENSIONEN INTERKULTURELLER LEHRKOMPETENZ 105

6.1 OBERFLÄCHEN- UND TIEFENSTRUKTUR DES KOMPETENZPROFILS 105
6.2 HANDLUNGSEMPFEHLUNGEN 111
6.3 GRENZEN DER UNTERSUCHUNG 113

7 SCHLUSSBETRACHTUNG 115

7.1 FAZIT 115
7.2 AUSBLICK 116

ABBILDUNGSVERZEICHNIS 118

ABKÜRZUNGSVERZEICHNIS 119

QUELLENVERZEICHNIS 120

Vorwort

vielen Dank... thanks a million... merci beaucoup... muchas gracias... 谢谢... muito obrigada... dziękuję... grazie mille!

Diese Studie wäre ohne mein berufsbegleitendes Masterstudium nicht möglich gewesen. Deshalb möchte ich mich an dieser Stelle bei all denjenigen bedanken, die mich dabei unterstützt haben:

Meinen beiden Betreuerinnen an der Hochschule München:

Prof. Dr. Katharina von Helmolt für die hervorragende Unterstützung bei der Durchführung und Publikation dieser Studie. Sie hat - ganz im Sinne der konstruktivistischen Lerntheorie - die Rolle einer Lernbegleiterin eingenommen und mir dabei einerseits viele Freiheiten bei der Konzeption und Durchführung der Arbeit zugestanden, andererseits aber auch mit hilfreichen Anregungen notwendige Denkschleifen und Korrekturen angestoßen.

Prof. Dr. Silke Järvenpää, die durch ihre Art der Lehre die Reflexionsfähigkeit ihrer Studierenden permanent fordert und fördert. Ich hoffe, dass ein Teil davon in dieser Studie wiederzufinden ist.

Meinem Kollegenkreis an der DHBW Ravensburg:

Prof. Dr. Wolfgang Bihler, der mir den benötigten Freiraum fürs Studium immer sehr bereitwillig zugestanden hat, indem er jeden Urlaubs- und Gleitzeitantrag kommentarlos genehmigt hat; Prof. Dr. Petra Kroflin, die mich durch die Gespräche über das International Study Program erst auf die Idee für das Thema dieser Studie gebracht hat; Prof. Dr. Christoph Neef für die Unterstützung bei dem „Begriffsdschungel" zu Pädagogik, Erziehungswissenschaft(en) und Hochschuldidaktik. Ich habe die Thematik jetzt zwar nicht so gelöst, wie er es sich vielleicht gewünscht hätte, aber ich finde, dass eine gewisse Portion Pragmatismus in einer wissenschaftlichen Arbeit durchaus erlaubt sein muss; Prof. Dr. Ernst Deuer, der nicht nur unsere Praxisprojekte im 3. und 4. Semester als Auftraggeber hervorragend betreut, sondern mich auch mit Lesefutter und vitaminreichen Äpfeln zur Stärkung des Immunsystems versorgt hat; Ivonne, Tanja, Bettina und Birgit, die an Brückentagen, an denen ich nach München an die Hochschule fahren musste, auf

Urlaub verzichtet haben, um die Anwesenheit im Büro zu gewährleisten; Anja und Tanja, die den Text Korrektur gelesen und wertvolles Feedback gegeben haben.

Allen Studierenden und Dozentinnen, die mir bereitwillig für schriftliche Befragungen, Interviews und teilnehmende Beobachtungen zur Verfügung standen. Durch sie wurde die Realisierung dieser Studie erst möglich.

Ein ganz großes Dankeschön gebührt auch meiner Familie und meinen Freunden, die meine vielen Abwesenheiten auf Geburtstagsfeiern und Familientreffen verständnisvoll hingenommen haben:

Meine Mutter, die mir seit der Schulzeit, auch unter schwierigen Umständen, immer den Rücken fürs Lernen freigehalten hat. Sie hat damit den Grundstein gelegt für meine Lust am Entdecken von neuen Wissensgebieten.

Birgit und Nicky, die mich immer zum richtigen Zeitpunkt sanft aus dem „Mastertunnel" geholt und darauf hingewiesen haben, dass trotz des Studiums gewisse Rituale in einer Freundschaft zu pflegen sind.

Weniger sanft waren meine beiden Patenkinder Julian und Felix. Sie haben mir mit einem vorwurfsvollen „Gotti, wann kommst du uns endlich mal wieder besuuuuchen?!", deutlich gemacht, dass das Vorlesen von Geschichten mit der Postkuh Lieselotte mindestens den gleichen Stellenwert einzunehmen hat wie die Auseinandersetzung mit Boltens kulturtheoretischen Ausführungen.

Ihnen allen danke ich von Herzen!

vielen Dank... thanks a million... merci beaucoup... muchas gracias... 谢谢... muito obrigada... dziękuję... grazie mille!

1 Einleitung

1.1 Problemstellung und Zielsetzung

Aufgrund des demografischen Wandels steht Deutschland ein Rückgang der Erwerbsbevölkerung bevor. So prognostizieren Fuchs/Söhnlein (2013) eine Verringerung der Zahl der Personen im erwerbsfähigen Alter von derzeit ca. 55 Millionen auf knapp 45 Millionen bis zum Jahr 2060. Dem daraus resultierenden Engpass an Fachkräften soll laut Sachverständigenrat deutscher Stiftungen für Integration und Migration (SVR 2015) durch eine gezielte Steuerung der Zuwanderung von qualifizierten Personen entgegengewirkt werden. Internationale Studierende rücken dabei immer mehr in den Fokus des Interesses. Der SVR bezeichnet sie sogar als „Idealzuwanderer" (SVR 2015:4), da sie über eine sehr gute Ausbildung und durch ihren Studienaufenthalt in Deutschland bereits über Kenntnisse der deutschen Sprache und Gesellschaft verfügen, die eine Integration auf dem Arbeitsmarkt erleichtern (SVR 2015).

Im Studienjahr 2015 waren 321.569 ausländische Studierende an deutschen Hochschulen immatrikuliert (DZHW 2016). Deutschland gehört damit neben den USA, Großbritannien und Australien zu den beliebtesten Gastländern für internationale Studierende weltweit (OECD 2013). Um diese Position zu sichern, strebt die Gemeinsame Wissenschaftskonferenz (GWK 2013) in ihrer Internationalisierungsstrategie eine Erhöhung der Zahl der ausländischen Studierenden bis 2020 auf ca. 350.000 an. Als Eckpfeiler dieser Strategie nennt sie u.a. die Steigerung der Attraktivität und Konkurrenzfähigkeit deutscher Hochschulen durch eine qualitativ hochwertige und serviceorientierte Lehre (GWK 2013). Wie diese Anforderungen an die Lehre allerdings erfüllt werden sollen, wird in dem Strategiepapier nicht näher ausgeführt.

Auch ein Rückgriff auf die Hochschuldidaktik beantwortet die Frage nicht zufriedenstellend. So hat sich diese Disziplin nach Hallet (2013) zwar als Wissenschaft für die akademische Lehre etabliert, jedoch mangelt es ihr noch an empirisch gesichertem Wissen. Lehrmethoden, die als erfolgreich eingestuft werden, basieren daher oft auf intuitiven Annahmen und individuellen Erfahrungswerten (Hallet 2013). Gerade im Umgang mit den ausländischen Studierenden fühlen sich einer Studie von Straub/Schirmer (2010) zufolge aber einige Dozentinnen[1] nicht ausreichend vorbereitet. Als ein möglicher Grund wird angeführt, dass die Mehrheit der Lehrenden an deutschen Hochschulen selbst keinen Migrationshintergrund aufweist und daher wenig Sensibilität und Kenntnis über die kulturellen Hintergründe und den daraus resultierenden Lebenssituationen der heterogenen Studierendengruppen zeigt. So wird in der Studie u.a. die Handlungsempfehlung ausgesprochen, Konzepte zur kulturellen Sensibilisierung und Kompetenzerweiterung der Dozentinnen zu erstellen (Straub/Schirmer 2010). Der Konzeption dieser Maßnahmen muss jedoch die Frage vorangestellt werden, welche interkulturellen Kompetenzen für Lehrveranstaltungen mit multikulturellen Gruppen überhaupt relevant sind. Nur so können Weiterbildungsmaßnahmen in der Hochschuldidaktik zielführend erarbeitet werden.

In dem vorliegenden Text greife ich diese Fragestellung auf und beantworte sie empirisch durch Einbeziehung der verschiedenen Akteure von multikulturellen Lehr-Lernsituationen. Da in der Literatur mehrfach die Forderung erhoben wird, bei der Bestimmung der notwendigen akademischen Lehrkompetenzen auf das für den jeweiligen Hochschultyp übliche Aufgabenfeld einzugehen (Hallet 2013; Tremp 2012), grenze ich das Forschungsfeld ein und beziehe es auf die Duale Hochschule Baden-Württemberg (DHBW). Die Untersuchung basiert somit auf folgender Forschungsfrage:

Welche Dimensionen interkultureller Kompetenz sind relevant für Dozentinnen an der DHBW, wenn sie Lehrveranstaltungen mit multikulturellen Gruppen durchführen?

Aus der Beantwortung der Forschungsfrage soll ein Kompetenzprofil resultieren, das die relevanten Dimensionen interkultureller Kompetenz aufzeigt und beschreibt. Die Darstellung der notwendigen interkulturellen Kompetenzen kann anschließend als Ausgangsbasis für Personalentscheidungen bzw. für die Konzeption von Weiterbildungsmaßnahmen herangezogen werden.

---

[1] Für eine bessere Lesbarkeit des Textes verwende ich im Folgenden jeweils die weibliche Form, womit jedoch stets auch die männliche Form gemeint ist.

1.2 Vorgehensweise

Um ein einheitliches Verständnis der zentralen Begriffe zu dem vorliegenden Themengebiet zu schaffen, werden diese in Kapitel zwei zunächst diskutiert und definiert. Ausgehend von dem Kultur- und Kompetenzbegriff erfolgt abschließend eine Definition für interkulturelle Lehrkompetenz.

Kapitel drei gibt einen Überblick über den aktuellen Forschungsstand zu interkultureller Kompetenz in der akademischen Lehre. Zunächst werden die Systematisierungen notwendig erachteter Kompetenzen anhand unterschiedlicher Kompetenzmodelle diskutiert. Anschließend gehe ich auf theoriegeleitete Annahmen und Ergebnisse von Studien aus dem sekundären Bildungsbereich und dem Ausland ein, da in der deutschen Hochschuldidaktik noch kein empirisch überprüftes Kompetenzmodell zu interkultureller Lehrkompetenz vorliegt.

In Kapitel vier werden das interkulturelle Arbeitsfeld und seine Einflüsse auf das Lehrhandeln der Dozentinnen an der DHBW beschrieben. Aus diesem Bezugsrahmen für Lehr-Lernsituationen mit multikulturellen Studierendengruppen resultieren kontextuelle Anforderungen an die Dozentinnen.

Die empirische Untersuchung, die aus einer Triangulation von qualitativen Methoden besteht, wird in Kapitel fünf vorgestellt. Neben Befragungen von nationalen und internationalen Studierenden werden auch Experteninterviews mit Dozentinnen und teilnehmende Beobachtungen in Vorlesungen an der DHBW Ravensburg durchgeführt. Die in Kapitel vier erstellten kontextuellen Anforderungen fließen in das Kategoriensystem ein, das als Ausgangsbasis für die Auswertung der Daten mithilfe der qualitativen Inhaltsanalyse dient.

Die Ergebnisse der Auswertung münden in ein Kompetenzprofil, das in Kapitel sechs vorgestellt wird. Die Kompetenzen werden darin nicht nur aufgeführt, sondern für ein einheitliches Verständnis auch näher anhand der Ergebnisse aus der Untersuchung beschrieben. Neben Handlungsempfehlungen werden außerdem die Grenzen der Untersuchung diskutiert.

Die Arbeit schließt mit Kapitel sieben, in dem zum einen die Kernaussagen der Arbeit zusammenfassend dargestellt und zum anderen Anknüpfungspunkte für weitere Forschungen aufgezeigt werden.

2 Begriffsabgrenzungen und Definitionen

2.1 Der Kulturbegriff

2.1.1 Kultur

Als Ausgangsbasis für die Diskussionen zu den Konzepten von interkultureller Kompetenz und akademischer Lehrkompetenz muss zunächst ein Verständnis für den Kulturbegriff und darauf aufbauend für die Bezeichnungen Interkulturalität und Multikulturalität geschaffen werden.

Das in der vorliegenden Untersuchung fokussierte Forschungsfeld einer Hochschule unterliegt permanenten Änderungen in Bezug auf den Umfang und die Zusammensetzung der Studierendenschaft, des Lehrkörpers und der Mitarbeiterinnen. Wenn Kulturen als „soziale Lebenswelten wechselnder Größe und Zusammensetzung" (Bolten 2015:49) definiert werden, dann stellt eine Hochschule eine solche soziale Lebenswelt und damit eine Kultur dar. Dieser sogenannte offene Kulturbegriff erkennt die Dynamik und Prozesshaftigkeit von Kulturen an (Bolten 2015), die an einer Hochschule vor allem in den Interaktionen während der Lehr-Lernsituationen auftreten.

Ihr Verständnis von der Ausgestaltung dieser Lehr- und Lernprozesse und der zugrunde liegenden Wissensbestände bezieht die Hochschule nach Otten/Hertlein/Teekens (2013) aus den Normen und Werten der Gesellschaft, in die sie eingebettet ist. Durch das Handeln der Beteiligten werden diese Normen und Werte tradiert. Die Angehörigen der Lebenswelt Hochschule prägen somit eine spezifische Hochschulkultur und werden gleichzeitig durch diese selbst geprägt. Zentrale Elemente dieser Kultur sind den Autoren nach die Erwartungen und die Ausgestaltung der Rollen der Kulturteilhaber. So bezeichnen sie die Interaktion in den Lehr-Lernsituationen als ein „institutionalisiertes Rollenhandeln" (Otten/Hertlein/Teekens 2013:250). Die gesellschaftlichen Vorstellungen des Lehr- und Lernverhaltens beeinflussen aber nicht nur Hochschulen, sondern sämtliche zentralen Institutionen des Bildungswesens (Otten/Hertlein/Teekens 2013), so dass davon ausgegangen werden kann, dass Hochschulangehörige aufgrund ihrer Bildungssozialisation bereits mit einer bestimmten kulturellen Prägung in Bezug auf Lehre und Lernen an die Hochschule kommen.

Im Bereich der Bildungssozialisation wird nun aber häufig der geschlossene Kulturbegriff verwendet, so dass in der kulturtheoretischen Diskussion ein Spannungsfeld auftritt: Der geschlossene Kulturbegriff sieht Kulturen als kohärente, räumlich voneinander abgrenzbare Entitäten an und steht damit dem offenen Kulturbegriff diametral gegenüber (Bolten 2015). So werden diesem Verständnis nach Kulturen häufig mit Nationen gleichgesetzt. Das Statistische Bundesamt (2014) bringt diesen Gedanken in Bezug auf die Studierenden sprachlich zum Ausdruck, indem es zwischen Bildungsinländern und -ausländern unterscheidet. Nach dessen Definition besitzen die Studierenden beider Gruppen eine ausländische Staatsbürgerschaft. Die Bildungsausländer haben jedoch ihre Hochschulzugangsberechtigung und damit einen großen Teil ihrer Bildungssozialisation im Ausland erworben, während die Bildungsinländer ihre Fachhochschulreife bzw. ihr Abitur in Deutschland erlangt haben (Statistisches Bundesamt 2014). Es wird folglich eine Differenzierung entlang nationalstaatlicher Grenzen unternommen. Eine Ursache könnte darin liegen, dass Bildungsinstitutionen Vorgaben aus der Bildungspolitik unterliegen, die auf nationaler Ebene getroffen werden. Dadurch kann sich das Verständnis von der Ausgestaltung der Lehr-Lernhandlungen von Staat zu Staat unterscheiden.[2]

Für das vorliegende Forschungsfeld ziehe ich dennoch den offenen Kulturbegriff heran, da eine Hochschule nicht als in sich kohärente Lebenswelt gesehen werden kann. Es bestehen im Sinne Rathjes (2006) Differenzen und Widersprüche innerhalb dieser Kultur, weil sie sich aus Individuen zusammensetzt, die gleichzeitig unterschiedlichen Lebenswelten mit eventuell verschiedenen Werten und Normen angehören. So ist eine dual Studierende eben nicht nur Akteurin der Lebenswelt DHBW, sondern auch des Unternehmens, in dem sie in den Praxisphasen tätig ist, oder eines Vereins, in dem sie in ihrer Freizeit Sport treibt. Differenz kann ferner aus unterschiedlich genutzten Freiheitsgraden bei der Ausgestaltung der Interaktionen resultieren (Otten/Hertlein/Teekens 2013). In Bezug auf Lehr-Lernsituationen ist der individuelle Gestaltungsspielraum für Dozentinnen in der Bundesrepublik

---

[2] Durch die föderalistische Struktur obliegt in der Bundesrepublik Deutschland hauptsächlich den Bundesländern die Ausgestaltung der Bildungspolitik, so dass in diesem Falle nicht generell von einer nationalen Bildungspolitik gesprochen werden kann. Dennoch findet auch hier der geschlossene Kulturbegriff Anwendung, da die Bundesländer geographisch voneinander abgegrenzt werden können.

Deutschland durch die Freiheit der Lehre sogar gesetzlich verankert (exemplarisch § 3 LHG).

Die Hochschulkultur auf der Makroebene bzw. die Lehr-Lernkultur in einzelnen Lehrveranstaltungen auf der Mikroebene wird somit permanent durch die Beteiligten neu geschaffen. Sie ist folglich dynamisch und prozessual und damit dem offenen Kulturbegriff zuzuordnen.

2.1.2 Multikulturalität - Interkulturalität

Als multikulturell wird nach Bolten (2015) eine Lebenswelt bezeichnet, wenn sie vorrangig aus Mitgliedern mehrerer Kulturen besteht. Damit drückt Multikulturalität die Struktur einer sozialen Organisation aus (Bolten 2015).

Wenn ich im Folgenden von multikulturellen Gruppen in Lehrveranstaltungen spreche, meine ich damit die Gruppe der Studierenden. Diese Gruppe setzt sich folglich aus Personen zusammen, die eine kulturelle Prägung an (Hoch-) Schulen in unterschiedlichen Gesellschaften erfahren haben. Zur sprachlichen Differenzierung werden sie als nationale und internationale Studierende bezeichnet. Mit diesen Bezeichnungen folge ich den Konventionen der Hochschule, an der die Untersuchung durchgeführt wurde. An der DHBW Ravensburg werden die Begriffe „internationale Studierende" bzw. „international students" für Gaststudierende der ausländischen Partnerhochschulen verwendet, die im Rahmen eines Austauschprogramms ein bis maximal drei Theoriesemester an der Hochschule verbringen. Im Gegensatz dazu habe ich den Begriff „nationale Studierende" für die Gruppe der Studierenden gewählt, die während ihres gesamten Studiums an der DHBW Ravensburg immatrikuliert sind.[3] Das Begriffspaar macht wie bei der vorherigen Diskussion um Bildungsinländer und -ausländer deutlich, dass in der Praxis häufig der geschlossene Kulturbegriff benutzt wird, um Mitglieder einer sozialen Lebenswelt differenzieren zu können.

Entstehen in der sozialen Organisation zwischen den Angehörigen der verschiedenen Kulturen Interaktionen, so bezeichnet Bolten (2015) dies als Interkulturalität. Der Begriff der Interkulturalität bezieht sich damit auf die Prozesse und die Dynamik des

---

[3] In dieser Gruppe können auch Studierende sein, die eine andere als die deutsche Staatsbürgerschaft besitzen.

Zusammenlebens (Bolten 2015). Interaktionen zwischen Personen unterschiedlicher kultureller Prägung können an einer Hochschule im administrativen Bereich, in den Lehrveranstaltungen oder in Freizeitveranstaltungen wie dem Hochschulsport stattfinden. Der Fokus der vorliegenden Untersuchung liegt auf den Lehrveranstaltungen, in denen die Dozentinnen mit den Studierenden in Kontakt treten bzw. die Interaktion zwischen den Studierenden beispielsweise während einer Gruppenarbeit stattfindet. Aufgrund der unterschiedlichen kulturellen Prägungen können in der Interaktion Konflikte u.a. durch divergierende Rollenerwartungen entstehen (Ryan/Viete 2009; Otten/Hertlein/Teekens 2013).

Damit die Interaktion zwischen Personen aus verschiedenen Kulturen dennoch zufriedenstellend für alle Beteiligten gestaltet werden kann, sehen Bertels/Bußmann (2013) interkulturelle Kompetenz als eine notwendige Voraussetzung an. Was dieses Konzept im Detail beinhaltet, wird im folgenden Kapitel näher erläutert.

2.2 Der Kompetenzbegriff

2.2.1 Kompetenz

Analog zum Kulturbegriff existiert auch für den Kompetenzbegriff keine allgemein anerkannte Definition. Straub (2007) führt diesen Umstand auf die unterschiedlichen wissenschaftlichen Disziplinen zurück, in denen der Begriff Verwendung findet.

Daher erfolgt an dieser Stelle der Rückgriff auf zwei Bezugsdisziplinen, die für die vorliegende Problemstellung relevant sind: Zum einen ist das Thema in der Hochschuldidaktik verortet, die sich nach Hallet (2013) aufgrund ihrer noch relativ jungen Existenz als eigenständige wissenschaftliche Disziplin häufig der Erkenntnisse aus der Pädagogik bzw. den Erziehungswissenschaften bedient.[4] Ich stelle daher eine Definition zum Kompetenzbegriff aus dem Bereich der Pädagogik vor.

---

[4] Auf eine detaillierte Diskussion zu den Begriffen der Pädagogik, Erziehungswissenschaft(en), Bildungswissenschaft, aber auch der empirischen Bildungsforschung wird an dieser Stelle verzichtet, da ein Mehrwert der Differenzierung durchaus angezweifelt werden kann. So vermutet beispielsweise Keiner (2015) Machtkämpfe um finanzielle Mittel und die Durchsetzung von Definitionshoheit und Positionen hinter den einzelnen Strömungen. Ich verwende daher die Begriffe in der gesamten Arbeit als Synonyme.

Zum anderen soll das anvisierte Kompetenzprofil als Grundlage für personalpolitische Entscheidungen dienen, so dass ich eine Begriffsdefinition aus der Personalpsychologie heranziehe.

In der Pädagogik wird häufig auf Weinert (2001:27-28) referenziert, der Kompetenzen definiert als

> *„die bei Individuen verfügbaren oder durch sie erlernbaren kognitiven Fähigkeiten und Fertigkeiten, um bestimmte Probleme zu lösen sowie die damit verbundenen motivationalen, volitionalen und sozialen Bereitschaften und Fähigkeiten um die Problemlösungen in variablen Situationen erfolgreich und verantwortungsvoll nutzen zu können."*

Nach diesem Verständnis weist der Kompetenzbegriff folgende Merkmale auf:

- Kompetenzen werden einer Person zugeschrieben.
- Sie bestehen aus Fähigkeiten und Fertigkeiten, die bereits in der Person vorhanden sind oder von ihr erlernt werden können.
- Kompetenzen sind auf das Ziel der Problemlösung hin ausgerichtet.
- Nur das Zusammenwirken von kognitiven und affektiven Komponenten befähigt ein Individuum, Problemlösungen in unterschiedlichen Situationen zu finden und damit kompetent zu handeln.

Ähnlich ist auch das Begriffsverständnis in der Personalpsychologie. Krumm/Mertin/Dries (2012:3) definieren Kompetenz dabei wie folgt:

> *„Eine Kompetenz ist ein Set von Fähigkeiten, Fertigkeiten und anderen Merkmalen, das ursächlich dazu beiträgt, dass eine Person in der Lage ist, komplexe Situationen effektiv zu bewältigen."*

Analog zu Weinert differenzieren auch hier die Autoren zwischen erlernbaren und nicht erlernbaren Komponenten: Wie aus Abbildung 1 hervorgeht, sind Fähigkeiten demnach Eigenschaften, die nicht oder nur schwer zu erlernen sind. Im Gegensatz dazu stellen Fertigkeiten trainierbare Eigenschaften dar. Unter anderen Merkmalen verstehen sie Persönlichkeitsmerkmale, die die Präferenz einer Person anzeigen, sich in bestimmten Situationen auf eine bestimmte Art und Weise zu verhalten. Das Persönlichkeitsmerkmal ist über die Zeit hin stabil und daher nur schwer veränderbar (Krumm/Mertin/Dries 2012). Mit dem Persönlichkeitsmerkmal nehmen auch diese Autoren eine affektive Komponente in ihre Definition auf.

Abbildung 1: Bestandteile von Kompetenz

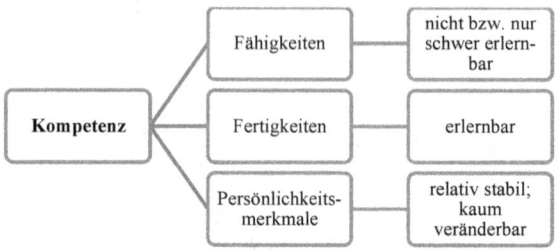

Quelle: in Anlehnung an Krumm/Mertin/Dries 2012

Der situative Aspekt einer Kompetenz wird bei Krumm/Mertin/Dries (2012) in Zusammenhang mit dem beruflichen Kontext gebracht: Mithilfe einer Kompetenz gelingt es, komplexe Situationen im Beruf effektiv zu bewältigen, wobei eine Situation immer dann als komplex bezeichnet wird, wenn keine eindeutigen Lösungswege vorhanden sind. Ein wichtiger Aspekt ist dabei der Erfahrungsschatz, mit dem eine Person in einer neuen Situation einschätzen kann, wie sie ihr Handeln ausrichten muss, um zu einem effektiven Abschluss zu gelangen.

Sind Fähigkeiten, Fertigkeiten und Persönlichkeitsmerkmale für berufliche Leistungen relevant, subsumieren sie die Autoren unter dem Begriff der Anforderungsmerkmale.

Einschränkend weisen sie noch darauf hin, dass eine Person mit einer entsprechenden Kompetenz zwar in der Lage ist, eine komplexe berufliche Situation zu meistern, und damit Leistung erbringen kann. Dies lässt aber nicht den Schluss zu, dass sie die Leistung permanent erbringt. Eine Kompetenz ist vielmehr als Voraussetzung für gute Leistungen zu verstehen (Krumm/Mertin/Dries 2012).

Aufgrund der Einbettung in den beruflichen Kontext bildet diese Definition die Grundlage für den weiteren Verlauf der Arbeit. So befasst sich die Forschungsfrage ausschließlich mit den relevanten interkulturellen Kompetenzen von Dozentinnen in ihrem beruflichen Alltag.

Im Zuge der Diskussion um das Konzept von Kompetenz ist auch die Auseinandersetzung mit dem Begriff der Performanz wichtig. Diese bezieht sich auf das künftige Handlungsergebnis (Erpenbeck 2010) und ist als gezeigtes Verhalten beobachtbar (Bender-Szymanski 2013). Daraus resultiert, dass von einer Performanz auf eine Kompetenz geschlossen werden kann (Bender-Szymanski 2013; Erpenbeck 2010). Ein nicht gezeigtes Handlungsergebnis lässt jedoch keinen Rückschluss auf eine nicht vorhandene Kompetenz zu (Bender-Szymanski 2013). Auf den Überlegungen zum Kompetenzbegriff aufbauend, wird im nächsten Kapitel das Konzept der interkulturellen Kompetenz vorgestellt, zu dem je nach Fachrichtung unterschiedliche Definitionen existieren (Bertels/Bußmann 2013). Ziel soll daher nicht die Auseinandersetzung mit einzelnen Definitionen sein, sondern die Diskussion zu übergreifenden Merkmalen des Konzepts.

2.2.2 Interkulturelle Kompetenz

Interkulturelle Kompetenz bezieht sich auf Situationen, in denen Personen unterschiedlicher Lebenswelten in Interaktion treten. Die Interaktanten interpretieren die Kontextfaktoren mithilfe ihrer jeweils kulturell bedingten Normalitätserwartung und richten ihr Handeln entsprechend danach aus (Straub 2007). Dies kann zu Unsicherheiten führen, wenn die für die Beteiligten gewohnten Handlungsroutinen divergieren und daher für eine gemeinsame Zielerreichung erst neu ausgehandelt werden müssen (Bolten 2015). Die Situation zeichnet sich folglich durch einen hohen Grad an Komplexität aus.

Um dennoch in der komplexen Situation handlungsfähig zu bleiben, bedient sich das Individuum verschiedenster Kompetenzen. Aus diesem Grund wird interkulturelle Kompetenz nicht als eigenständiges Kompetenzkonstrukt gesehen, sondern vielmehr als „Transferkompetenz" (Bolten 2015:193) bzw. „querliegende Kompetenz" (Erpenbeck 2010:18) bezeichnet. So verlangt eine interkulturelle Situation im beruflichen Kontext beispielsweise nicht nur den Rückgriff auf übergreifende Selbstmanagement- oder Kommunikationsfähigkeiten, sondern auch auf fachspezifisches Wissen, das sich aus kulturell determinierten Wissensbeständen speist (Leenen/Stumpf/Scheitza 2014). Hinter dem Konstrukt der interkulturellen Kompetenz steckt daher auch vielmehr eine interkulturelle Handlungskompetenz, da es sich aus Elementen der vier Teilbereiche der Fach-, Methoden-, Sozial- und Selbstkompetenz zusammensetzt (Bolten 2015).

Analog zur oben aufgeführten Definition von Kompetenz werden auch beim Konzept der interkulturellen Kompetenz Persönlichkeitsmerkmale und erlernbare Fertigkeiten als Bestandteile genannt. Allerdings erfolgt eine hierarchische Einstufung der Komponenten, da bestimmte Persönlichkeitsmerkmale als notwendig angesehen werden, damit sich interkulturelle Kompetenz erst entwickeln kann (Deardorff 2006; Thomas 2011). So benötigt ein Individuum beispielsweise zunächst ein gewisses Maß an Ambiguitätstoleranz, um überhaupt in einer interkulturellen Situation mit widersprüchlichen Verhaltensweisen adäquat umgehen zu können.

Als Kriterien für ein interkulturell kompetentes Agieren werden oft Angemessenheit und Effektivität genannt (Straub 2007). Rathje (2006) bemängelt, dass häufig zu hohe Anforderungen an das Konzept der interkulturellen Kompetenz gestellt werden. Sie wird in vielen Fällen als primäre Ursache für den Gesamterfolg bzw. Misserfolg einer interkulturellen Interaktion gesehen. Die Autorin plädiert daher dafür, den Zielkorridor von interkultureller Kompetenz einzuengen und den Fokus auf die Handlungsziele der Beteiligten zu legen. Dadurch wird das Konzept von anderen Kontextfaktoren, die die Interaktion beeinflussen, befreit (Rathje 2006).

Die Kontextfaktoren wirken sich auch auf den Umgang mit interkultureller Performanz aus. Von Helmolt (2014) führt aus, dass das beobachtbare Handeln - gerade in einem interkulturellen Arbeitsumfeld - vielen Einflussfaktoren unterliegen kann. Die Performanz muss daher nicht zwingend auf einer zugrunde liegenden Kompetenz beruhen, sondern kann durchaus auch andere Erklärungsursachen haben. Anhand empirischer Untersuchungen lässt sich jedoch feststellen, welche Aktionen zur Erreichung der Handlungsziele der Beteiligten führen (von Helmolt 2014).

Da sich das Forschungsfeld im vorliegenden Text auf das Arbeitsgebiet von Hochschuldozentinnen bezieht, wird im Folgenden die Kompetenzdiskussion um den Aspekt der akademischen Lehrkompetenz ergänzt.

2.2.3 Akademische Lehrkompetenz

Das Konstrukt der akademischen Lehrkompetenz bezieht sich auf ein konkretes Berufsfeld. Es zeigt an, welche Kompetenzen für das Rollenhandeln der Hochschuldozentinnen notwendig sind.

Heiner/Wildt (2013) bemängeln, dass Lehrkompetenz häufig reduziert wird auf einen bestimmten Aspekt des Rollenhandelns. Sie widersprechen der Auffassung, dass Lehrkompetenz mit hochschuldidaktischer Kompetenz gleichzusetzen ist. Ferner wird kompetentes Lehrhandeln einer Dozentin oft auf die Fachkompetenz beschränkt (Heiner/Wildt 2013). Diese Einschränkungen des Begriffs der akademischen Lehrkompetenz werden jedoch nicht der umfangreichen Rolle von Hochschullehrerinnen gerecht. Sie bezieht sich auf Anforderungen in der Lehre, Prüfung, Beratung, Evaluation und Innovation (Heiner 2013). An anderer Stelle werden noch Anforderungen für Aufgaben in der akademischen Selbstverwaltung aufgeführt (Fiehn et al. 2012), die gerade für hochschulinterne Dozentinnen relevant sind.

Analog zur interkulturellen Kompetenz setzt sich auch die akademische Lehrkompetenz aus persönlichkeitsimmanenten Merkmalen und erlernbaren Fertigkeiten zusammen. Als relativ stabil und kaum veränderbar werden nach Trautwein (2013) die Überzeugungen zu Lehre und Lernen angesehen, die implizit vorliegen und das personenspezifische Lehrhandeln leiten. Diese affektiven Lehr-Lern-Überzeugungen formen sich aus den Erfahrungen der Lehrperson während der eigenen Bildungssozialisation. Zu den erlernbaren Fertigkeiten zählen ihrer Meinung nach das Wissen zu hochschuldidaktischen Modellen und Methoden, das Wissen zu den Handlungsfeldern eines Hochschullehrers und das jeweilige Fachwissen (Trautwein 2013). Letztgenanntes wird im pädagogischen Umfeld häufig unter dem Begriff der Expertise diskutiert. Gerade Hochschuldozentinnen nehmen eine hohe, von außen an sie herangetragene, fachliche Expertise-Erwartung wahr (Heiner 2013).

Ein Unterschied zur interkulturellen Kompetenz besteht darin, dass in der Literatur kaum Definitionen zum Konzept der akademischen Lehrkompetenz zu finden sind. Trautwein (2013:106) stellt eine der wenigen Definitionen auf und versteht unter akademischer Lehrkompetenz

> *„die Befähigung in wechselnden und hochschulischen Kontexten zieladäquat, situationsangemessen und verantwortungsvoll lehren zu können, sowie das eigene (Lehr-) Handeln weiterzuentwickeln."*

Indem sie die wechselnden Kontexte erwähnt, kommt in ihrer Definition der von Krumm/Mertin/Dries (2012) angesprochene Erfahrungsaspekt zum Tragen, der kompetentes Handeln in unterschiedlichen Situationen erst möglich macht.

Als wichtige Kriterien für akademische Lehrkompetenz führt die Autorin Zieladäquatheit, Angemessenheit und verantwortungsvolle Lehre auf. Wie beim Konzept der interkulturellen Kompetenz werden auch hier die beiden Komponenten

Effektivität - in Form einer adäquaten Zielerreichung - und Angemessenheit für kompetentes Lehrhandeln angesprochen. Hinzu kommt der Verantwortungsaspekt, der der Dozentin aufgrund ihrer hierarchisch übergeordneten Stellung im Rollenhandeln mit den Studierenden zufällt. Mit dem verantwortungsvollen Handeln nimmt Trautwein ein Element auf, das auch Bestandteil der Definition von Weinert war. Ferner spricht die Autorin die Weiterentwicklung des Lehrhandelns an, wodurch sie zum Ausdruck bringt, dass ein gewisses Maß an Reflexionsfähigkeit und Selbstverantwortung vorhanden sein muss, um Defizite zu erkennen und beseitigen zu können.

Analog zur interkulturellen Kompetenz drückt sich akademische Lehrkompetenz im konkreten Handeln und damit in der Performanz aus (Trautwein 2013). In den Evaluationen wird diese Performanz beurteilt (Heiner 2013), so dass die Dozentinnen Rückmeldung über ihr beobachtbares Lehrhandeln erhalten.

Nach den Diskussionen zu interkultureller Kompetenz und akademischer Lehrkompetenz führe ich die wichtigsten Merkmale der beiden Konzepte im folgenden Kapitel zusammen und bringe sie in eine Definition ein.

2.3 Interkulturelle Lehrkompetenz im Hochschulbereich

Das Konstrukt der interkulturellen Lehrkompetenz bezieht sich auf das Rollenhandeln von Hochschuldozentinnen, die in Interaktion mit multikulturellen Studierendengruppen treten. Diese Lehr-Lernsituationen sind im Sinne von Krumm/Mertin/Dries (2012) komplex, da für sie „kein kulturelles Rezeptwissen zur Lösung interkultureller Deutungs- und Handlungssituationen angezeigt ist" (Otten/Hertlein/Teekens 2013:246).

Zur Bewältigung der komplexen Situationen bedient sich das Individuum einer Bandbreite an Persönlichkeitsmerkmalen, Fertigkeiten und erlernbaren Fähigkeiten. Anders als bei Krumm/Mertin/Dries (2012) dient dieses Set jedoch nicht ursächlich für die Zielerreichung, da in interkulturellen Situationen viele Kontextfaktoren eine Rolle bei der Zielerreichung spielen können (von Helmolt 2014).

Um der Forderung Rathjes (2006) nach einem engen Zielkorridor gerecht zu werden, wird als Handlungsziel der Dozentinnen die Erreichung der Lehr-Lernziele zugrunde gelegt. Die jeweiligen Lehr-Lernziele der einzelnen Lehrveranstaltungen leiten sich aus dem übergeordneten Bildungsziel der Hochschule ab. Damit passt sich der Begriff der interkulturellen akademischen Lehrkompetenz an die Zielformulierungen der jeweiligen Hochschule an und weist eine Flexibilität auf.

Aus diesen Überlegungen resultierend lege ich folgende Definition für den Begriff der interkulturellen Lehrkompetenz im Hochschulbereich fest:

> *Eine interkulturelle Lehrkompetenz setzt sich aus Fähigkeiten, Fertigkeiten und Persönlichkeitsmerkmalen zusammen, die Hochschuldozentinnen befähigen, das Rollenhandeln in Lehrveranstaltungen mit multikulturellen Studierendengruppen so zu gestalten, dass ein Gemeinschaftsgefühl entsteht und die jeweiligen Lehr-Lernziele erreicht werden.*

Die Definition ist auch im Sinne von Röschs (2015) Forderung zu sehen, nach der nicht im Vordergrund stehen sollte, Homogenität unter den heterogen zusammengesetzten Studierendengruppen zu schaffen, sondern ein Gemeinschaftsgefühl herzustellen. Sie folgt damit dem Kohäsionsansatz Rathjes (2006), nach dem mithilfe von interkultureller Kompetenz aus den unbekannten Differenzen innerhalb einer Gruppe bekannte werden und somit Normalität erzeugt wird. In interkulturellen Hochschulsettings sind sich die Studierenden meist selbst nicht über ihre unterschiedlichen Präferenzen für bestimmte Lehr-Lernstile und Erwartungen an Prüfungskriterien bewusst (Düll/von Helmolt/Prieto-Peral 2014). Durch interkulturelle akademische Lehrkompetenz gelingt es der Dozentin, diese Differenzen sichtbar zu machen, sie zu überwinden und die Studierendengruppe zu den Lehr-Lernzielen zu führen.

3 Aktueller Forschungsstand zu interkultureller Kompetenz in der Hochschullehre

3.1 Systematisierung von Kompetenzen anhand von Modellen

Bei der interkulturellen bzw. bei der Lehrkompetenzforschung wird der Frage nachgegangen, über welche konkreten Kompetenzen ein Individuum verfügen sollte, um Situationen im interkulturellen bzw. im hochschulischen Kontext bewältigen zu können. Die als notwendig erachteten Kompetenzen werden dabei häufig in Modellen zusammengetragen.

Aufgrund der Kontextabhängigkeit von interkultureller Kompetenz scheint ein allgemein gültiges Modell schwer umsetzbar. Die akademische Lehrkompetenz dagegen bezieht sich auf ein sehr spezifisches Berufsbild, so dass hier die Vermutung nahe liegt, dass ein einheitliches Modell alle benötigten Kompetenzen für den Beruf der Hochschullehrerin aufzeigt. Doch trotz des Bezugs auf ein konkretes Berufsbild existiert im deutschsprachigen Raum bislang kein allgemein anerkanntes Kompetenzmodell für die Hochschullehre (Tremp 2012). Dies könnte u.a. daran liegen, dass die meisten Modelle aus der Theorie heraus entwickelt, jedoch nicht empirisch validiert wurden (Fiehn et al. 2012). Außerdem inkludieren nach Meinung von Tremp (2012) Kompetenzmodelle immer auch normative Elemente, da sie eine bestimmte Auffassung zu einer beruflichen Tätigkeit inkorporieren. Der Autor plädiert für eine Ausdifferenzierung von Kompetenzmodellen, um die Besonderheiten der verschiedenen Hochschultypen wiedergeben zu können (Tremp 2012). Damit scheint ein allgemein anerkanntes Kompetenzmodell für die Hochschullehre nicht realisierbar zu sein, da die Auffassungen zur Tätigkeit einer Dozentin von Hochschultyp zu Hochschultyp voneinander abweichen, was im Zusammenhang mit den unterschiedlichen Bildungszielen der Hochschulen und Universitäten zu sehen ist.

Bei der Systematisierung der Kompetenzmodelle in der interkulturellen Kommunikation und der Hochschullehre sind folgende Vorgehensweisen zu erkennen:

In der interkulturellen Kommunikation wurden nach Bolten (2015) zunächst Listenmodelle entwickelt, die je nach Verfasser unterschiedliche Kompetenzen aufführten, die für ein interkulturell kompetentes Handeln als notwendig erachtet wurden. Diese Listenmodelle unterliegen allerdings einer beliebigen Aneinanderreihung und Erweiterung von Kompetenzen (Bolten 2015). So plädiert Vogler (2010) beispielsweise dafür, die bislang eher unbeachtete Imaginationsreflexivität als weiteres Element dem Konstrukt der interkulturellen Kompetenz hinzuzufügen.

Einen Schritt weiter gehen Strukturmodelle, da sie die verschiedenen Kompetenzen systematisieren, indem sie sie einzelnen Teilbereichen zuordnen. Eine Möglichkeit der Systematisierung von akademischer Lehrkompetenz besteht beispielsweise in der Zuordnung der Kompetenzen zu den Aufgabenfeldern, die eine Hochschuldozentin innehat. So sind in dem anhand einer Delphi-Umfrage entwickelten Regensburger Kompetenzmodell der Hochschuldidaktik jeweils 10 Teilkompetenzen den Bereichen Lehre, Prüfung und akademische Selbstverwaltung zugeordnet, wie aus Abbildung 2 hervorgeht:

Abbildung 2: Regensburger Kompetenzmodell der Hochschuldidaktik

	Lehre		Prüfung		Akademische Selbstverwaltung
1	(Didaktische) Methodenkenntnis	1	Prüfungskompetenz	1	Kooperationsfähigkeit
2	Fachwissen	2	Feedback geben	2	Rahmenbedingungen
3	Eigenständigkeit fördern	3	Fachwissen	3	Innovationskompetenz
4	Selbstreflexion	4	Kommunikationsfähigkeit	4	Durchhaltevermögen
5	Begeisterungsfähigkeit	5	Beratungskompetenz	5	Kommunikationsfähigkeit
6	Kompetenzorientierung	6	Zielorientierung	6	Führungskompetenz
7	Kommunikationsfähigkeit	7	Kompetenzorientierung	7	Selbstmanagement
8	Teilnehmerorientierung	8	Selbstreflexion	8	Networking
9	Gestaltungskompetenz	9	Ethische Grundhaltung	9	Konflikt- und Problemlösekompetenz
10	Methodeneinsatz Perspektivenwechsel	10	Lerncoaching	10	Moderationskompetenz

Quelle: Fiehn et al. 2012:48

Interkulturelle Kompetenz wird dagegen häufig in affektive, kognitive und konative Dimensionen gegliedert. Abbildung 3 zeigt Beispiele von Zuordnungen bestimmter Kompetenzen zu diesen drei Dimensionen:

Abbildung 3: Strukturmodell interkultureller Kompetenz

Affektive Dimension z.B.:	Kognitive Dimension z.B.:	Verhaltensbezogene (konative) Dimension z.B.:
Frustrationstoleranz	Verständnis der Kulturabhängigkeit des Wahrnehmens, Denkens, von Einstellungen sowie Verhaltens- und Handlungsweisen	Kommunikationswille und -bereitschaft
Fähigkeit zur Stressbewältigung		(Meta-) Kommunikationsfähigkeit
Selbstvertrauen		
Flexibilität	Verständnis kultur-/ kontextspezifischer Handlungszusammenhänge	Beziehungen und Vertrauen zu fremdkulturellen Interaktionspartnern aufbauen können
Empathie, Rollendistanz		
Vorurteilsfreiheit, Offenheit, Toleranz	Verständnis von Kulturunterschieden	Ambiguitätstoleranz

Quelle: Bolten 2015:189

Auch hier kann kritisiert werden, dass Strukturmodelle einer beliebigen Addition von Kompetenzen unterliegen, sofern sie nicht empirisch validiert wurden.

Geht es um die Weiterentwicklung der jeweiligen Kompetenzen, kommen häufig Prozessmodelle zum Tragen. Durch sie wird der langfristige Vorgang der Kompetenzsteigerung betont. Während in der interkulturellen Kommunikation für Thomas (2011) die Entwicklung linear verläuft, verdeutlicht Deardorff (Bertelsmann Stiftung 2006) den infiniten Charakter des Erwerbs von interkultureller Kompetenz, indem sie den Entwicklungsprozess in Form einer nach oben offenen Lernspirale darstellt.

Aufgrund der sehr heterogen verlaufenden Biographien von Lehrpersonen (Heiner/Wildt 2013) und des daraus resultierenden unterschiedlichen Kompetenzniveaus wird innerhalb der Hochschuldidaktik vermehrt zur Entwicklung von akademischer Lehrkompetenz geforscht. Auch hier wird davon ausgegangen, dass die Kompetenzentwicklung prozessual über einen langen Zeitraum verläuft (Trautwein/Merkt 2013). Im Gegensatz zu den Modellen in der interkulturellen Kommunikation gibt es jedoch keinen klar definierten Ausgangspunkt. Vielmehr besteht die Forderung, mit unterschiedlichen Unterstützungsangeboten einen multiplen Zugang zur Kompetenzentwicklung zu schaffen, um damit der Heterogenität in den Kompetenzgraden bei den Lehrpersonen gerecht zu werden (Heiner/Wildt 2013; Trautwein/Merkt 2013). Heiner/Wildt (2013) kommen bei der Analyse ihrer Interviews mit Lehrpersonen zu dem Ergebnis, dass sich die Entwicklung von Lehrkompetenz wie ein mäandrierender Fluss durch ein System von unterschiedlichen Schichten und Knotenpunkten bewegt. Von einem gleichmäßig verlaufenden Prozess in Form einer Geraden oder einer Lernspirale wie sie in der interkulturellen Kommunikation dargestellt werden, kann also nicht gesprochen werden. Allerdings stimmen die bisherigen Forschungen in der Hochschullehre mit der Erkenntnis aus der interkulturellen Kompetenzforschung überein, dass bei der Entwicklung von Kompetenz die Fähigkeit zur Reflexion unabdingbar ist, um Einstellungen und Verhaltensroutinen ändern zu können (Heiner/Wildt 2013; Trautwein/Merkt 2013).

Wie aus den Modellen hervorgeht, erfolgt darin noch keine Verknüpfung von interkultureller Kompetenz und akademischer Lehrkompetenz. Dennoch gibt es hierzu bereits Ausführungen und Untersuchungen, wie das folgende Kapitel zeigt.

3.2 Beiträge zu interkultureller Kompetenz in der (Hochschul-) Lehre

Bei der Zusammenführung von interkultureller Kompetenz und Lehrkompetenz lassen sich zwei Herangehensweisen feststellen: Während in der interkulturellen Kommunikation theoriegeleitete Annahmen für eine interkulturelle Lehrkompetenz formuliert werden, greift die Hochschuldidaktik auf empirische Ergebnisse aus dem sekundären Bildungsbereich bzw. aus dem Ausland zurück. Abbildung 4 stellt die beiden Herangehensweisen mit den dazugehörigen Quellen und Studien dar, die im Folgenden näher erläutert werden.

Abbildung 4: Übersicht zu Forschungen zu interkultureller Lehrkompetenz

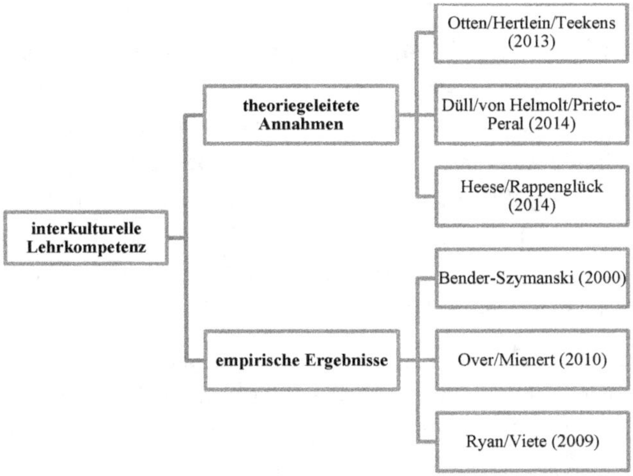

```
                                              ┌─ Otten/Hertlein/Teekens (2013)
                         ┌─ theoriegeleitete ─┼─ Düll/von Helmolt/Prieto-Peral (2014)
                         │   Annahmen          └─ Heese/Rappenglück (2014)
interkulturelle ─────────┤
Lehrkompetenz            │                    ┌─ Bender-Szymanski (2000)
                         └─ empirische ───────┼─ Over/Mienert (2010)
                            Ergebnisse        └─ Ryan/Viete (2009)
```

Quelle: eigene Darstellung

Theoriegeleitete Annahmen

Otten/Hertlein/Teekens (2013) sprechen bei interkulturellen Lernsettings unter Bezugnahme von systemischen Lernkonzepten von einem Lernen der zweiten und dritten Ordnung, aus denen sich jeweils spezifische Anforderungen an die Dozentinnen ergeben: Beim interkulturellen Lernen der zweiten Ordnung handelt es sich um den Lernprozess der Lehrperson selbst, für den sie ihre eigene kulturelle Bildungssozialisation reflektieren muss. Dazu zählen die Reflexion zu kulturell geprägten Wahrnehmungen und handlungsleitenden Vorstellungen über eingesetzte didaktische Methoden und Formen der Prüfungsleistungen. Darüber hinaus sollten Dozentinnen ein Bewusstsein für andere Lernstile entwickeln, die internationale Studierende in das Rollenhandeln interkultureller Lernsettings einbringen. Beim interkulturellen Lernen der dritten Ordnung sollten Hochschullehrerinnen Multikulturalität in Studierendengruppen als Chance verstehen und gezielt für interkulturelle Lernprozesse nutzen. Hierfür ist es notwendig, dass sich Lehrende ein Wissen über interkulturelle Didaktik aneignen, um mit einem geeigneten methodischen und sozioemotionalen Vorgehen die Lehrsequenzen verantwortungsvoll gestalten zu können (Otten/Hertlein/Teekens 2013).

Düll/von Helmolt/Prieto-Peral (2014) formulieren Anforderungen an die interkulturelle Öffnung von Hochschulen. Diese resultieren aus einer Studie mit Migranten, sind selbst aber in ihrer Wirksamkeit in der Lehre (noch) nicht empirisch überprüft worden. Für die Autorinnen stellt Sensibilität in Bezug auf die kulturellen Besonderheiten von Lehr- und Lernstilen eine wichtige Komponente dar. Außerdem fordern sie einen kultursensiblen Einsatz von Lehrmethoden und Bewertungskriterien, um eine diversitätsgerechte Hochschullehre etablieren zu können (Düll/von Helmolt/Prieto-Peral 2014).

Im Zusammenhang mit der Entwicklung einer differenziell-inklusiven Didaktik für multikulturelle Studierendengruppen in berufsbegleitenden Studiengängen führen Heese/Rappenglück (2014) als wichtige Kompetenzen Reflexionsfähigkeit, Rollendistanz, Ambiguitätstoleranz, Kommunikationsfähigkeit, kognitive Kompetenz und hohe Empathie auf. Darüber hinaus sollten Dozentinnen noch eine interkulturelle und hochschuldidaktische Kompetenz aufweisen (Heese/Rappenglück 2014). Die Autoren bleiben jedoch die Antwort schuldig, was sie detailliert unter interkultureller und hochschuldidaktischer Kompetenz verstehen. Zieht man Boltens (2015) Konzept von interkultureller Kompetenz als Transferkompetenz heran, dann inkludiert interkulturelle Kompetenz bereits die von Heese/Rappenglück einzeln aufgeführten Fähigkeiten zur Reflexion und Kommunikation, Rollendistanz, Ambiguitätstoleranz und Empathie. Es bleibt daher unklar, weshalb die Autoren einzelne Aspekte interkultureller Kompetenz aufführen und abschließend nochmals das Konzept anführen, das diese Aspekte subsumiert.

Empirische Ergebnisse

In der Hochschuldidaktik finden sich zu der Thematik momentan Erkenntnisse aus dem sekundären Bildungsbereich. Hallet (2013) fordert zu einem Rückgriff auf diese Studien sogar auf, weil sich seiner Meinung nach im Schulbereich dazu eine gewisse Expertise entwickelt hat, die es in der Hochschuldidaktik in dieser Form noch nicht gibt.

Zur Jahrtausendwende untersuchte bereits Bender-Szymanski (2013) in einer Längsschnittstudie Akkulturationsprozesse von Studienreferendaren, die in multikulturellen Schulen unterrichteten. Aus den Merkmalen im Umgang mit verschiedenen Kulturen entwickelte die Autorin elf Verhaltensweisen, die förderlich für eine interkulturelle Kompetenz von Lehrkräften sind. Diese Verhaltensweisen beziehen sich beispielsweise auf die Reflexion eigen- und fremdkultureller Normen sowie Deutungsroutinen und durch sie verursachte Konflikte (Bender-Szymanski 2013). Allen elf Verhaltensweisen ist gemein, dass sie in ihrer Formulierung Bezug auf kulturelle Differenzen nehmen.

Die Ergebnisse der Studie von Over/Mienert (2010) dagegen beinhalten auch allgemein formulierte Kompetenzen: Aus Einzelinterviews mit Lehrern entstand ein Profil von interkultureller Kompetenz mit den sechs Dimensionen Schülerorientierung, individual-zentrierte pädagogische Kompetenz, kulturelle Sensibilität, Führungskompetenz, Teamarbeit und Konfliktmanagement. Nur die Dimension der kulturellen Sensibilität greift den Aspekt von einem Umgang mit kultureller Diversität auf. Die restlichen fünf Dimensionen könnten auch Bestandteile von allgemeinen Kompetenzprofilen sein. Die Autoren der Studie sehen hierin eine Analogie zu Boltens (2015) Konzept der Transferkompetenz, die sich aus Kompetenzen aus den Teilbereichen der Handlungskompetenz zusammensetzt. Das Ergebnis der Studie ist ein berufsspezifisches Kompetenzprofil, das nicht auf alle Schulformen übertragen werden kann, da sich die Autoren auf Schulen der Sekundarstufe mit einem Anteil von mindestens 15% an Schülern mit Migrationshintergrund konzentriert haben (Over/Mienert 2010).

Die Untersuchung von Ryan/Viete (2009) an australischen Universitäten ergab drei Aspekte, die im Umgang mit internationalen Studierenden von Bedeutung sind, um den Lernerfolg zu fördern: Die Schaffung eines Zugehörigkeitsgefühls, die Wertschätzung der Vorkenntnisse, die die Studierenden aus ihren Heimatländern mitbringen, sowie die Unterstützung der Studierenden in einem kreativen und effektiven Sprachgebrauch für eine aktive Teilhabe in den Lehrveranstaltungen.

Die theoriegeleiteten Annahmen und die empirischen Ergebnisse zeigen zusammengenommen kein einheitliches Bild. Nur die Reflexionsfähigkeit und kulturelle Sensibilität werden in beiden Herangehensweisen immer wieder als wichtige Kompetenzen erwähnt.

Die Ausführungen verdeutlichen, dass im deutschsprachigen Raum bislang noch nicht empirisch untersucht wurde, welche interkulturellen Kompetenzen Dozentinnen für Lehrveranstaltungen benötigen, die von kulturell heterogenen Studierendengruppen besucht werden. Die Bedeutung von empirischen Untersuchungen wird jedoch sowohl in der interkulturellen Kommunikation als auch in der Hochschuldidaktik betont. Durch sie soll verhindert werden, dass die Kompetenzmodelle auf rein normativ-theoretischen Überlegungen basieren (von Helmolt 2014; Trautwein 2013).

Diese Forderung greife ich auf, indem ich empirisch folgende Fragestellung beantworten möchte:

Welche Dimensionen interkultureller Kompetenz sind relevant für Dozentinnen an der DHBW, wenn sie Lehrveranstaltungen mit multikulturellen Gruppen durchführen?

In der Forschungsfrage erfolgt eine Eingrenzung auf die DHBW, da das Aufgabenfeld der Hochschule bei der Bestimmung notwendiger Kompetenzen berücksichtigt werden muss (Hallet 2013; Tremp 2012).

Aus den Ergebnissen der empirischen Untersuchung soll ein Kompetenzprofil bzw. Kompetenzrahmen resultieren. Durch die Verwendung dieser beiden Begriffe grenze ich mich von einem Kompetenzmodell ab. Demnach werden in einem Kompetenzprofil oder –rahmen die für die Organisation relevanten Kompetenzen aufgelistet, während in einem Kompetenzmodell darüber hinaus noch eine Anordnung und Aussagen zu den Interdependenzen der aufgeführten Kompetenzen erfolgen (Krumm/Mertin/Dries 2012). Eine hierarchische Einstufung bzw. Aussagen zu wechselseitigen Bedingungen der Kompetenzen sind jedoch nicht Gegenstand der empirischen Untersuchung.

Die aufgeführten Kompetenzen sollen durch eine Beschreibung der Anforderungen an die Dozentinnen konkretisiert werden. Damit trage ich dem Umstand Rechnung, dass innerhalb der Hochschuldidaktik Heiner/Wildt (2013) bemängeln, dass die Anforderungen an die Rolle der Lehrperson und die daraus resultierenden Kompetenzen selten konkretisiert werden. Auch Straub (2007) kritisiert an den Kompetenzmodellen in der interkulturellen Kommunikation die Verwendung von Begrifflichkeiten, deren Bedeutung die Autoren nicht eindeutig festlegen.

Interkulturelle Kompetenz ist stark vom jeweiligen Kontext abhängig (Heyse/Erpenbeck 2010). Aus diesem Grund sollten sich interkulturelle Kompetenzprofile auf ein konkretes Handlungsfeld beziehen, um aussagekräftig zu sein (Leenen/Stumpf/Scheitza 2014). Daher wird im folgenden Kapitel ein Bezugsrahmen geschaffen, der das Handlungsfeld der interkulturellen Lehr-Lernsituationen an der DHBW erläutert.

4 Bezugsrahmen interkultureller Lehr-Lernsituationen an der Dualen Hochschule Baden-Württemberg (DHBW)

4.1 Der Bezugsrahmen als Zwei-Ebenen-Modell

Die Einflussfaktoren auf heterogene Lehr-Lernsituationen werden in der Literatur häufig in eine Makro- und Mikroebene unterteilt. Diese Unterteilung geht auf Kaschuba/Derichs-Kunstmann (2009) zurück, die jeweils fünf Dimensionen einer Makro- und Mikrodidaktik in ihrem Modell einer gleichstellungsorientierten Didaktik für Fortbildungen in der öffentlichen Verwaltung aufführen. Smykalla (2013) adaptiert diese Dimensionen auf eine diversitätsgerechte Hochschullehre, während Heese/Rappenglück (2014) das Modell auf die Kontextfaktoren ihrer differenziell-inklusiven Didaktik für multikulturelle Studiengruppen in berufsbegleitenden Studiengängen anpassen. Allen ist gemeinsam, dass auf der Makroebene organisationale und planende Elemente und auf der Mikroebene Komponenten des konkreten Handlungsfelds der Dozentinnen stehen. Die Elemente können allerdings nicht immer trennscharf voneinander abgegrenzt werden, sondern beeinflussen sich auch gegenseitig (Kaschuba/Derichs-Kunstmann 2009). Das Modell birgt die Gefahr einer beliebigen Addition von Einflussfaktoren auf den beiden Ebenen. Daher beschränke ich mich auf Aspekte, die den Forderungen aus der Literatur entsprechen.

Für Hallet (2013) stellt die jeweilige Hochschule eine Komponente dar, die den organisationalen Rahmen für Lehrprozesse schafft. Wie aus Abbildung 5 hervorgeht, steht daher auf der Makroebene zunächst die Hochschulart DHBW, die sich von Hochschulen für angewandte Wissenschaften und Universitäten durch ihr spezifisches Studienkonzept unterscheidet (DHBW 2015a). Da für die Bestimmung der notwendigen Kompetenzen einer Hochschullehrerin auch das Bildungsziel der Hochschule und curriculare Vorgaben der jeweiligen Studiengänge berücksichtigt werden sollten (Hallet 2013), finden diese ebenfalls Eingang auf der Makroebene des Rahmenmodells.

Auf der Mikroebene ist das didaktische Konzept angesiedelt, das sich aus dem Bildungsziel der DHBW ableitet (Merk/Braun 2010). Ferner wirken die Studierenden mit ihren kulturell unterschiedlichen Rollenerwartungen auf interkulturelle Lehr-Lernsituationen ein (Otten/Hertlein/Teekens 2013). Da die Lehrveranstaltungen auf Englisch durchgeführt werden (DHBW 2014), ergeben sich nochmals besondere

Anforderungen an die Dozentinnen (HRK 2011). Daher findet auch Englisch als Lingua franca Eingang auf der Mikroebene des Bezugsrahmens.

Abbildung 5: Bezugsrahmen interkultureller Lehr-Lernsituationen an der DHBW

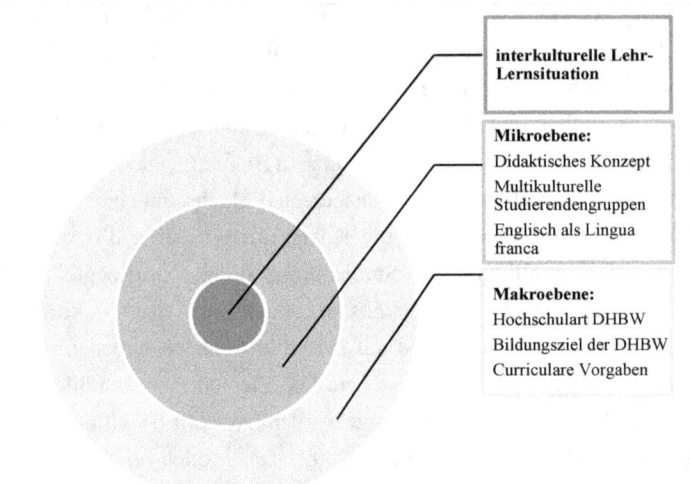

Quelle: in Anlehnung an Kaschuba/Derichs-Kunstmann (2009) und Heese/Rappenglück (2014)

4.2 Einflussfaktoren auf der Makroebene

4.2.1 Die Hochschulart DHBW

Die Duale Hochschule Baden-Württemberg[5] besteht seit 2009 und führt das Konzept der Berufsakademie fort, die 1974 auf Initiative von Firmen wie Robert Bosch oder Daimler-Benz gegründet wurde (DHBW 2014). Die Firmen verlangten nach einer Ausbildungsform, die Elemente aus der praktisch orientierten dualen Berufsausbildung und dem theoriebezogenen Universitätsstudium miteinander verband. Wie aus der Informationsbroschüre der DHBW (2015a) hervorgeht, kombiniert das duale Studienkonzept der Berufsakademie und heutigen DHBW beide Aspekte, indem sich Theorie- und Praxisphasen im dreimonatigen Rhythmus abwechseln, womit dem Studium eine hohe Anwendungsorientierung zuteilwird. Die

---

[5] Sämtliche Ausführungen zur DHBW beziehen sich auf die Bachelor-Studiengänge.

angebotenen Studiengänge sind in den Bereichen Wirtschaft, Technik und Sozialwesen angesiedelt (DHBW 2015a).

Die Organisationsstruktur der Hochschule orientiert sich am US-amerikanischen Modell einer State-University mit einer zentralen Ebene in Form des Präsidiums mit Sitz in Stuttgart und einer dezentralen Ebene durch die neun Standorte, die sich auf ganz Baden-Württemberg verteilen (DHBW 2016a). Einer dieser Standorte ist Ravensburg, an dem die empirische Untersuchung für die vorliegende Arbeit durchgeführt wurde. Ravensburg verfügt darüber hinaus noch über eine Außenstelle in Friedrichshafen. Laut DHBW (2015a) bietet jeder Standort sein eigenes Spektrum an Studiengängen an. So findet man am Standort Ravensburg Studiengänge im Bereich Wirtschaft, während an der Außenstelle in Friedrichshafen die technischen Studiengänge gelehrt werden. Ein Studium im Bereich Sozialwesen bietet dieser Standort bislang noch nicht an (DHBW 2015a).

Die DHBW grenzt sich von Hochschulen für angewandte Wissenschaften und Universitäten durch folgende Alleinstellungsmerkmale ab:

- Die Studierenden bewerben sich direkt bei einem Unternehmen, das das Studium als sogenannter dualer Partner in Kooperation mit einem der Standorte der DHBW durchführt (DHBW 2015a) Die Hochschule selbst hat somit keinen Einfluss auf die Auswahl der Studierenden.
- Über die gesamte Studiendauer von drei Jahren erhalten die Studierenden eine Vergütung von ihrem dualen Partner (DHBW 2015a). Im Umkehrschluss besteht für die Studierenden während der Theoriephasen eine Anwesenheitspflicht an sämtlichen Lehrveranstaltungen (DHBW 2011a).
- Die Kursgröße beträgt in allen Studiengängen i.d.R. maximal 30 Studierende, um eine intensive Betreuung durch die Dozentinnen gewährleisten zu können (DHBW 2015a).
- In der Lehre sind neben den hauptamtlichen Professorinnen der DHBW auch Dozentinnen anderer Hochschulen und Expertinnen aus der Praxis tätig, wobei die Praxisvertreterinnen häufig im Hauptberuf bei einem der dualen Partner angestellt sind (DHBW 2015a). Durch die Einbeziehung nebenberuflicher Dozentinnen sind halbtägige, teilweise auch ganztägige Blockveranstaltungen die Regel, wie ein Vorlesungsverzeichnis exemplarisch zeigt (DHBW 2016b).

Mit dem dualen Studienkonzept ist die DHBW sehr erfolgreich: So stellt sie mit derzeit ca. 9.000 dualen Partnern und 34.000 immatrikulierten Studierenden die größte Hochschule im Land Baden-Württemberg dar (DHBW 2015a). Aus dem besonderen Studienkonzept leitet sich ein spezifisches Bildungsziel ab, das im Folgenden näher erläutert wird.

4.2.2 Bildungsziel der DHBW

Nach § 2 Satz 1 Nr. 5 LHG vermittelt die DHBW

> *„durch die Verbindung des Studiums an der Studienakademie mit der praxisorientierten Ausbildung in den beteiligten Ausbildungsstätten (duales System) die Fähigkeit zu selbstständiger Anwendung wissenschaftlicher Erkenntnisse und Methoden in der Berufspraxis."*

Studierende sollen folglich befähigt werden, Fachkompetenz – in Form von wissenschaftlichen Erkenntnissen – verbunden mit der dazugehörigen Methodenkompetenz selbstständig, d.h. unter Heranziehung von persönlicher Kompetenz, im Beruf anzuwenden. Die drei Kompetenzbereiche sind Bestandteile der sogenannten beruflichen Handlungskompetenz, die ursprünglich aus der Berufs- und Wirtschaftspädagogik stammt, aber zwischenzeitlich auch Eingang in berufsorientierten Studiengängen gefunden hat (Schaper 2012).

Wie aus Abbildung 6 hervorgeht, fügen Merk/Braun (2010) als vierten Bereich noch die Sozialkompetenz hinzu und komplettieren damit das Bildungsziel der DHBW.

Abbildung 6: Berufliche Handlungskompetenz als Bildungsziel der DHBW

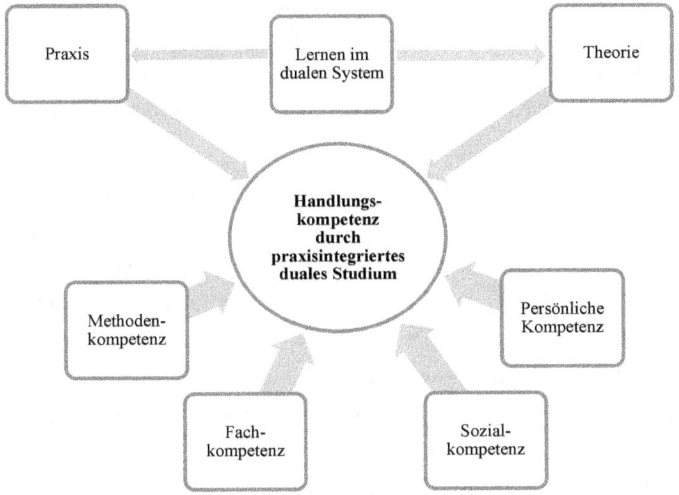

```
    Praxis  <----->  Lernen im  <----->  Theorie
                     dualen System

                     Handlungs-
                     kompetenz
                     durch
                     praxisintegriertes
                     duales Studium

    Methoden-                             Persönliche
    kompetenz                             Kompetenz

              Fach-           Sozial-
              kompetenz       kompetenz
```

Quelle: Merk/Braun 2010:5

Zur Methodenkompetenz zählen kognitive und metakognitive Fähigkeiten, die situationsübergreifend eingesetzt werden, so dass komplexe Aufgaben selbständig gelöst werden können (Nerdinger/Blickle/Schaper 2014).

Ufert (2015a) sieht die Methodenkompetenz in engem Zusammenhang mit der Fachkompetenz. Sie wird i.d.R. innerhalb des Fachstudiums erworben, das die fachspezifischen Kenntnisse und Fertigkeiten vermittelt.

Um eine hohe Fachkompetenz unter Beweis stellen zu können, ist seiner Meinung nach eine Sozialkompetenz unabdingbar. Zu ihr zählt er Fähigkeiten im Bereich der (interkulturellen) Kommunikation und des Konfliktmanagements, so dass soziale Beziehungen im (internationalen) Berufsleben erfolgreich gestaltet werden können (Ufert 2015a).

Die persönliche Kompetenz, für die häufig auch die Begriffe Selbstkompetenz oder personale Kompetenz verwendet werden, setzt sich aus persönlichkeitsbezogenen Dispositionen wie Einstellungen und Werthaltungen sowie Fähigkeiten zur Selbstwahrnehmung und -organisation zusammen (Nerdinger/Blickle/Schaper 2014).

Durch die Orientierung an beruflichen Kompetenzanforderungen trägt eine berufliche Handlungskompetenz zur Employability-Ausrichtung der Hochschulbildung bei (Schaper 2012). Der Employability-Begriff wird aber durchaus auch kritisch gesehen, da die Befürchtung besteht, die Wirtschaft könne zu starken Einfluss auf Studieninhalte nehmen, so dass keine wertneutrale Ausbildung der Studierenden erfolge (Ufert 2015b).

Der Unternehmenseinfluss ist an der DHBW jedoch institutionalisiert. So regeln die §§ 20a und 27b LHG die Mitwirkung von Vertretern der dualen Partner in Kommissionen und dem örtlichen Hochschulrat und damit auch auf die Ausgestaltung der Studieninhalte. Diese Einbindung ist im Hinblick auf das Bildungsziel aber auch durchaus sinnvoll: Wenn zu einer Kompetenz der Erfahrungsaspekt zählt, um in komplexen Situationen effektiv handeln zu können (Krumm/Mertin/Dries 2012), dann ist gerade die enge Verzahnung zwischen den theoretischen Inhalten an den Studienakademien und den Einsätzen in den Praxisphasen bei den dualen Partnern wichtig. Erst durch die Anwendung der Theorie und den daraus resultierenden Erfahrungen können die Studierenden eine Handlungskompetenz für ihre zukünftige berufliche Tätigkeit entwickeln. Trotz des Einflusses der Unternehmen auf die Hochschule muss festgehalten werden, dass es sich bei der DHBW nicht um eine private Hochschule handelt.

4.2.3 Curriculare Vorgaben und ihre Umsetzung

Laut §§ 19, 20 und 20a LHG ist das Präsidium der DHBW durch den bei ihm angesiedelten Hochschulrat, dem Hochschulsenat und den Fachkommissionen für Wirtschaft, Technik und Sozialwesen für die Studien- und Ausbildungsinhalte sowie deren Qualitätssicherung zuständig. Die Inhalte eines Studiengangs werden somit auf der zentralen Ebene der Hochschule erstellt und in Form eines Rahmenstudienplans und den zugehörigen Modulbeschreibungen ausgewiesen. Diese sind nach § 4 (1) der Studien- und Prüfungsordnung (StuPrO) bindend für die neun Standorte auf der dezentralen Ebene (DHBW 2015b). Wird also ein Studiengang an mehreren Standorten angeboten, so sind die Lehrinhalte über diese Studienakademien hinweg einheitlich. Nur über ein sogenanntes Profilmodul besteht nach § 4 (3) StuPrO für jede Studienakademie die Möglichkeit, standortspezifische Inhalte in die Rahmenstudienpläne ihrer Studiengänge einzubringen (DHBW 2015b). Diese Inhalte können sich z.B. an den Bedürfnissen der dualen Partner orientieren, die mit dem jeweiligen Standort und Studiengang kooperieren.

Um der Verzahnung von Theorie und Praxis gerecht zu werden, gibt es Modulbeschreibungen sowohl für die Inhalte, die an der Studienakademie gelehrt werden, als auch für die Ausgestaltung der Praxisphasen beim dualen Partner (DHBW 2011b; DHBW 2011c). Da der Fokus in dem vorliegenden Text auf den Lehr-Lernsituationen in den Theoriephasen liegt, wird im Folgenden allerdings nicht näher auf die Modulbeschreibungen für die Praxis eingegangen.

Wie die Modulbeschreibung für die Theoriephasen des Studiengangs BWL-International Business (IB) beispielhaft zeigt (DHBW 2011b), setzt sich diese aus formalen Angaben wie Stundenumfang und Prüfungsart sowie den konkreten Lerninhalten zusammen. Ferner werden die angestrebten Qualifikationsziele und Teilkompetenzen ausführlich beschrieben, die zusammengenommen wiederum zur Erreichung des Bildungsziels der beruflichen Handlungskompetenz beitragen (DHBW 2011b).

Die Modulbeschreibungen (DHBW 2011b) regeln auch die Unterrichtssprache, die im Falle von IB für alle Lehrveranstaltungen die Wahl zwischen deutsch und englisch zulässt. Ausgenommen davon sind nur Wirtschaftsenglisch bzw. -spanisch, die selbstredend in englischer respektive spanischer Sprache unterrichtet werden (DHBW 2011b).

Diese zweigleisige Sprachenregelung erlaubt die Öffnung der Lehrveranstaltungen für internationale Studierende. Am Standort Ravensburg wurde dies durch das International Study Program (ISP) institutionalisiert. Die Studierenden von den ausländischen Partnerhochschulen nehmen während ihres Aufenthalts hauptsächlich an Lehrveranstaltungen aus dem dritten Studienjahr des Bachelor-Studiengangs IB teil (DHBW 2014). Die Vorlesungen und Seminare werden somit von nationalen und internationalen Studierenden gemeinsam besucht und auf Englisch durchgeführt. Die Inhalte sind durch die jeweiligen Modulbeschreibungen für die Lehrveranstaltungen im Studiengang IB geregelt. Der Austausch mit den internationalen Studierenden soll u.a. auch dazu dienen, dass die nationalen Studierenden interkulturelle Kompetenz erwerben. Diese Kompetenz wird als weiteres Bildungsziel des Studiengangs IB explizit genannt (DHBW 2016c).

Darüber hinaus werden am ISP aber auch Lehrveranstaltungen angeboten, die nur von den internationalen Studierenden besucht werden. Die Dozentinnen sprechen hierbei die Inhalte mit dem International Office und der Studiengangleitung von IB ab, müssen aber keine Vorgaben einhalten, die durch das Präsidium in Stuttgart getroffen wurden. Sie können somit freier in Bezug auf den zu vermittelnden Lehrstoff agieren.

4.3 Einflussfaktoren auf der Mikroebene

4.3.1 Didaktisches Konzept

Das Bildungsziel der beruflichen Handlungskompetenz erfordert nach Schaper (2012) eine aktive und reflexive Beschäftigung mit Anforderungssituationen, so dass eine handlungsorientierte Didaktik im Lernprozess notwendig ist. Dadurch ergibt sich eine gute Anschlussfähigkeit an die konstruktivistische Lerntheorie (Schaper 2012), auf die auch das didaktische Konzept der DHBW rekurriert (Merk/Braun 2010). Daher werden die zentralen Inhalte dieser Metatheorie in Bezug auf Lehr-Lernprozesse zunächst kurz vorgestellt:

Konstruktivistische Lerntheorie

Wie Burr (2015) ausführt, leugnet der Konstruktivismus die Existenz einer objektiven Wahrheit, was in der Folge die Frage aufwirft, wie Wissen entsteht und erworben werden kann. Innerhalb des Konstruktivismus haben sich unterschiedliche Diskursstränge entwickelt, die Einfluss auf die Erziehungswissenschaften genommen haben. Dadurch existieren auch in der Pädagogik vielfältige konstruktivistische Ansätze (Hug 2015), so dass die Frage nach der Entstehung und dem Erwerb von Wissen nicht einheitlich beantwortet werden kann. Kelle (2013) gelingt der Brückenschlag zwischen kognitivem und sozialem Konstruktivismus, indem gerade die Schnittstelle dieser beiden für sie die Entstehung und Wiedergabe von Wissen darstellt. So bildet ein Individuum kognitive Repräsentationen seiner Umwelt, wobei diese nicht als exakte Abbilder der Realität angesehen werden (Schlag 2013). Vielmehr schreiben Individuen den wahrgenommenen Informationen bestimmte Bedeutungen zu, wodurch Wissen entsteht, das subjektiv ist (Pfäffli 2015). Der soziale Konstruktivismus bezieht sich auf die Interaktion zwischen Menschen (Kelle 2013), d.h., die Individuen tauschen sich über ihre subjektiven Abbildungen der Realität aus. Durch diesen Austausch wird Wahrheit konstruiert, wobei der Sprache als Bedeutungsträger eine entscheidende Rolle zukommt (Burr 2015). Wie Pfäffli (2015) ausführt, lernt ein Individuum demnach, indem es sich interaktiv mit seiner Umgebung auseinandersetzt und dadurch Wissensstrukturen aufbaut. Vor diesem Hintergrund ist die in der deutschen Hochschuldidaktik geforderte Abkehr von reinen Frontal-Vorlesungen hin zu mehr interaktionistischen Methoden in den Lehrveranstaltungen zu sehen (Pfäffli 2015).

Hug (2015:463) warnt davor, die Lerntheorie des Konstruktivismus zu verherrlichen und als „historische Höherentwicklung" zu betrachten. Seiner Meinung nach sind Themen wie unbewusstes Lernen oder Lernen von Gruppen durch den Konstruktivismus noch nicht angemessen erklärt worden (Hug 2015). Nach Pfäffli (2015) bestehen didaktische Konzepte oft auch eher aus einer Kombination von unterschiedlichen Lerntheorien und können daher nicht eindeutig nur einer Lerntheorie zugeordnet werden.

Hauptmerkmale des didaktischen Konzepts der DHBW

Das didaktische Konzept der DHBW wird in den Lehrkollegs des hochschuldidaktischen Zentrums der DHBW und durch das Handbuch von Merk/Braun (2010) vermittelt. Die drei Hauptmerkmale des Konzepts beziehen sich auf die Rolle der Dozentin, den Methodeneinsatz und die Art der Kommunikation in den Lehrveranstaltungen:

Aufgrund der konstruktivistischen Lerntheorie ändert sich die Rolle der Dozentin von einer reinen Wissensvermittlerin hin zu einer Begleiterin von Lernprozessen, die durch vermehrtes Fragen und konstruktives Feedback die Studierenden zur Reflexion anregt (Merk/Braun 2010). Die dadurch erhöhte Reflexionsfähigkeit der Studierenden trägt als Bestandteil der persönlichen Kompetenz zu einer Verbesserung der Handlungskompetenz bei. Mit der Abkehr von reinen Frontal-Vorlesungen ist die Verschiebung von einer Dozentinnenzentrierung hin zu einer Studierendenzentrierung zu sehen, die sich durch selbststeuernde Aktivitäten der Studierenden auszeichnet (Merk/Braun (2010).

Reinmann/Jenert (2011) setzen den Begriff der Studierendenzentrierung in diesem Zusammenhang mit einer Lernerzentrierung gleich, da es darum geht, Lernumgebungen so zu gestalten, dass sich die Studierenden aktiv-konstruktiv mit neuem Lehrstoff auseinandersetzen können. Ihrer Meinung nach kann eine Studierendenzentrierung aber auch im didaktischen Sinne als Teilnehmerorientierung verstanden werden, indem die Studierenden über Inhalte und Methoden der Lehre mitbestimmen. Die Erfahrungen und Interessen der Studierenden sollen somit bestmöglich miteinbezogen werden (Reinmann/Jenert 2011). So weisen auch Merk/Braun (2010) darauf hin, die Erwartungen und das Vorwissen der Studierenden zu Beginn einer Lehrveranstaltung abzufragen und bei der Konzeption der einzelnen Vorlesungen zu berücksichtigen. Diese Forderung geht einher mit Erkenntnissen aus der Lernpsychologie, nach denen das Behalten von neuem Lernstoff entscheidend davon abhängt, inwieweit Neues mit bereits Vorhandenem verknüpft werden kann (Schlag 2013). Reinmann/Jenert (2011) sehen die Lerner- und Teilnehmerzentrierung gerade zu Beginn eines Studiums aber auch als sehr kritisch an, da die Studierenden noch nicht über die erforderliche Lernkompetenz verfügen, die ein selbstgesteuertes Lernen ermöglicht. Aufgabe einer Dozentin muss es folglich auch sein, in den unteren Semestern diese Lernkompetenz zu fördern. Da die internationalen Studierenden an der DHBW Ravensburg hauptsächlich an den Lehrveranstaltungen des letzten Studienjahrs von IB teilnehmen, ist allerdings zu erwarten, dass die Hochschullehrerinnen die Fähigkeit zum selbstgesteuerten Lernen voraussetzen.

Die relativ kleinen Kursgruppen an der DHBW von maximal 30 Studierenden sind nach Meinung von Merk/Braun (2010) prädestiniert für interaktive Lernformen. So plädieren sie für einen verstärkten Einsatz von aktivierenden Methoden wie beispielsweise Gruppenarbeiten, Diskussionen oder Rollenspielen, die gleichzeitig auch die Sozialkompetenz der Studierenden fördern. Die Verzahnung von Praxis und Theorie wird durch induktives Lernen erreicht, bei dem man von anschaulichen Beispielen aus der Praxis über Modelle hin zur Theorie gelangt (Merk/Braun 2010).

Die geänderte Rolle der Dozentin als Coach und der verstärkte Einsatz von interaktiven Methoden haben zur Folge, dass der Kommunikation zwischen der Lehrperson und der Studierendengruppe eine erhöhte Bedeutung zukommt. Diese sollte von einer sachlich-konstruktiven und wertschätzenden Haltung geprägt sein, um eine Atmosphäre von Fehlertoleranz und Angstfreiheit zu schaffen (Merk/Braun 2010).

Nachdem die formalen und didaktischen Vorgaben für das Rollenhandeln der Dozentinnen erläutert wurden, gehe ich im folgenden Kapitel auf die Gruppe der internationalen Studierenden ein. Ihr Verständnis von Lernen ist als Resultat ihrer Bildungssozialisation zu sehen (Heublein 2015; Pfäffli 2015), die in einer anderen Kultur erfolgte. Daher gilt es, mögliche Unterschiede aufzuzeigen, die Auswirkungen auf die interkulturellen Lehr-Lernsituationen haben können.

4.3.2 Multikulturelle Studierendengruppen

Die GWK (2013) geht davon aus, dass ausländische Studierende in ihrem Heimatland eine andere Lehrkultur erleben. So spielt nach Heublein (2015) in vielen Ländern die Reproduktion von vorgegebenem Wissen eine größere Rolle als an deutschen Hochschulen, an denen der Fokus vor allem auf einer diskursorientierten und anwendungsbezogenen Lehre liegt, wie auch das Beispiel der DHBW verdeutlicht. Daher ist anzunehmen, dass vielen internationalen Studierenden der Unterrichtsstil und die Lehr-Lernmethoden an der deutschen Hochschule zunächst fremd sind, was zu Schwierigkeiten führen kann (Heese/Rappenglück 2014).

Inwieweit die Schwierigkeiten auf kulturell bedingte oder individuums-bezogene Unterschiede zurückzuführen sind, muss differenziert betrachtet werden:

Einen kulturell bedingten Einfluss auf bevorzugte Lernstile wiesen beispielsweise Barmeyer (2004) und Joy/Kolb (2009) in ihren Studien nach. Sie gingen der Frage nach, inwieweit es Präferenzen für einen der vier Lernstile nach Kolb - konkrete Erfahrung, Reflexion/Beobachtung, abstrakte Begriffsbildung bzw. aktives Experimentieren - gab und zeigten dabei Unterschiede zwischen diversen Nationen bzw. Regionen auf. Die Untersuchung von Luo/Kück (2011) zum Lernverhalten von deutschen und chinesischen Studierenden lässt aber auch den Rückschluss zu, dass die Präferenzen für bestimmte Lernstile und Rollenerwartungen nicht statisch sind, sondern Studierende sich an für sie neue Lernumgebungen relativ flexibel anpassen können. Allerdings muss auch angemerkt werden, dass die chinesischen Probanden in der Untersuchung bereits seit mindestens acht Monaten in Deutschland waren. Aufgrund der meist kürzeren Aufenthaltsdauer der internationalen Studierenden an der DHBW Ravensburg ist daher fraglich, inwieweit sich diese Studierendengruppe an das Rollenverständnis der lokalen Hochschulkultur anpassen kann.

Probleme mit der Anpassung an interaktive Methoden werden vor allem Studierenden aus dem asiatischen Raum zugeschrieben (Li/Jia 2006), weshalb ich verstärkt auf Ergebnisse von Studien zu dieser Personengruppe eingehe. Asiatische Studierende stellen die Mehrheit der internationalen Studierenden an amerikanischen und australischen Hochschulen dar (Marlina 2009; Xia 2009), so dass dort bereits mehrere Studien durchgeführt wurden, um den Ursachen der Anpassungsprobleme auf den Grund zu gehen. Die konstruktivistischen Lehransichten bilden auch im anglophonen Sprachraum die Grundlage für die Ausgestaltung der Lehre (Bouchard 2011). Daher können die Ergebnisse der Studien durchaus auch auf den Kontext der vorliegenden Untersuchung angewandt werden können. Bouchard (2011) kommt bei ihrer Analyse unterschiedlicher Studien zu süd- und ostasiatischen Studierenden zu dem Ergebnis, dass deren geringere Partizipation an den interaktiven Methoden auf Sprachbarrieren, kulturellen Einflüssen und der Atmosphäre im Hörsaal basiert. Allerdings muss auch festgehalten werden, dass eine strikte Trennung der drei Hauptursachen nicht möglich ist, da durchaus gegenseitige Abhängigkeiten in ihren Ausführungen zu erkennen sind.

So führt Bouchard (2011) bei der Sprachbarriere die kulturell bedingte Angst vor einem Gesichtsverlust auf, der aus Sicht der asiatischen Studierenden für sie entsteht, wenn sie fehlerhaftes Englisch sprechen. Ferner hegen die Studierenden die Befürchtung, dass ihre Fehler oder ihr langsames Sprechtempo eine Belastung für die nationalen Studierenden darstellen könnten. Nicht-Muttersprachler benötigen u.U. mehr Zeit, um nach Wörtern zu suchen, in denen sie ihre Gedanken ausdrücken können. Dies verlangsamt zum einen ihre Sprechgeschwindigkeit, zum anderen das turn-taking für Beiträge in Diskussionen (Bouchard 2011).

Diese beiden letztgenannten Aspekte können auf alle internationalen Studierenden übertragen werden, die in einer Fremdsprache in Lehrveranstaltungen kommunizieren müssen. Einschränkend muss jedoch hinzugefügt werden, dass in den interkulturellen Lehr-Lernsituationen an der DHBW Ravensburg die Unterrichtssprache Englisch auch für die nationalen Studierenden eine Fremdsprache darstellt, so dass eine gewisse sprachliche Hürde für alle Studierenden vorhanden ist.

Einen eindeutig kulturell bedingten Einfluss sieht Bouchard (2011) in der Sozialisierung der asiatischen Studierenden in konfuzianisch geprägten Schulsystemen. Danach liegt die aktive Rolle bei der Lehrperson, indem sie ihr Wissen an die Studierenden weitergibt. Den Studierenden fällt durch die Aufnahme des vermittelten Wissens eine eher passive Verhaltensweise zu. Ferner bereitet es ihnen Schwierigkeiten, Rückfragen zu stellen oder den Ansichten der Dozentin zu widersprechen, da dies einen Gesichtsverlust der Lehrperson nach sich ziehen würde (Bouchard 2011). Marlina (2009) widerspricht dieser Aussage und belegt anhand der Ergebnisse ihrer Interviews mit Probanden aus Korea, Japan und China, dass die Studierenden sogar eine aktive Rolle im Unterrichtsgeschehen bevorzugen, um in Kontakt mit den Kommilitoninnen und Dozentinnen zu kommen und dadurch ihr Wissen zu vertiefen. In ihren Augen kann die konfuzianische Philosophie nicht als Erklärung für eine geringere Mitarbeit in den Vorlesungen herangezogen werden, da die asiatischen Probanden auch von australischen Kommilitoninnen berichteten, die sich eher passiv im Hörsaal verhielten (Marlina 2009). Dies lässt den Schluss zu, dass eine aktive bzw. passive Verhaltensweise eher den Präferenzen des jeweiligen Individuums zuzuschreiben ist als der Zugehörigkeit zu einem Kulturraum.

Watkins/van Aalst (2014) sprechen in Bezug auf die konfuzianische Lernkultur von einem Attributionsfehler. Demnach schreiben viele westlich sozialisierte Dozentinnen asiatischen Studierenden keine intensive Auseinandersetzung mit dem Stoff zu, sondern nur ein oberflächliches Auswendiglernen der Inhalte. Aus Sicht der Studierenden ist jedoch ein langwieriger Prozess notwendig, um ein tieferes Verständnis für den Lehrstoff zu entwickeln. In diesem Lernprozess wiederholen sie immer wieder die Inhalte, was fälschlicherweise als Auswendiglernen gedeutet wird (Watkins/van Aalst 2014).

Als kulturell unterschiedlich wird vielmehr die Frage aufgefasst, was „aktive Teilnahme" impliziert. So wird dies an Hochschulen in der westlichen Hemisphäre hauptsächlich auf die mündlichen Beiträge während des Unterrichtsgeschehens reduziert (Marlina 2009). Bringen sich Studierende verbal in die Lehrveranstaltungen ein, wird dies automatisch als positiv bewertet (Xia 2009), so dass im Umkehrschluss ein auf Zuhören und Schweigen ausgerichtetes Verhalten von den Dozentinnen als negativ wahrgenommen wird. Wie Marlina (2009) durch ihre Befragungen herausfand, gehört für asiatische Studierende aber auch die Vor- und Nachbereitung der Lehrinhalte, das Literaturstudium und das aktive Zuhören während einer Vorlesung zu einer „aktiven Teilnahme". Dieses Verständnis von Partizipation ist damit ein holistisches, weil es sich auf die Mitarbeit während einer gesamten Lehrveranstaltung bezieht und nicht nur ausschnitthaft auf die verbale Kommunikation in den Präsenzstunden.

Einschränkend ist anzumerken, dass die Ergebnisse von Marlinas Studie nicht generalisiert werden können. An der Befragung nahmen insgesamt nur vier Studierende teil, deren Aussagen nicht durch teilnehmende Beobachtungen überprüft wurden. Dennoch liefert die Untersuchung wichtige Anknüpfungspunkte für die vorliegende Arbeit, zumal im deutschsprachigen Raum bislang kaum Studien zu diesem Themengebiet vorliegen.

Neben den kulturellen und individuellen Verhaltenspräferenzen wurde als wichtiger Einflussfaktor die Sprachbarriere genannt. Diese besteht im ISP der DHBW Ravensburg jedoch nicht nur für die Studierenden, sondern auch für die Dozentinnen. Aus diesem Grund wird im folgenden Kapitel näher auf die Besonderheiten von Englisch als Lingua franca (ELF) in Lehrveranstaltungen eingegangen.

4.3.3 Englisch als Lingua franca in den Lehrveranstaltungen

Die Hochschulrektorenkonferenz (HRK 2011) sieht mit der Internationalisierung deutscher Hochschulen einen zunehmenden Gebrauch der englischen Sprache als Lingua franca in Forschung und Lehre einhergehen. Sie stellt dabei auch fest, dass dies eine erhöhte Anforderung an die Lehrenden bedeutet, die über die erforderlichen Sprachkenntnisse verfügen sollten, um „auch auf Englisch exzellente Lehre sicher gewährleisten zu können" (HRK 2011:6). Wie diese erhöhten Anforderungen konkret und detailliert aussehen, wird in dem Papier nicht weiter ausgeführt.

Daher erfolgt an dieser Stelle der Rückgriff auf ELF-Studien im tertiären Bildungssektor. Betrachtet man zunächst die Definitionen von ELF, so fallen zwei sich widersprechende Begriffsauslegungen auf: Für Firth (2009) stellt ELF eine Kontaktsprache für Personen dar, deren Muttersprache nicht Englisch ist. Wie Jenkins (2011) ausführt, folgt die Mehrheit der Forscherinnen allerdings einem anderen Verständnis: Demnach wird ELF als ein zusätzlich angeeignetes Sprachsystem angesehen, das als gemeinsames Kommunikationsmedium für

Personen dient, die unterschiedliche Muttersprachen sprechen. Im Gegensatz zu Firth schließt diese Definition auch englische Muttersprachlerinnen ein, die ELF als ein neues Sprachsystem erwerben müssen, um darin erfolgreich kommunizieren zu können (Jenkins 2011). Der vorliegende Text folgt dieser zweiten Definition, da am ISP der DHBW Ravensburg auch Studierende von Partnerhochschulen aus dem anglophonen Sprachraum teilnehmen und somit i.d.R. Englisch als Muttersprache sprechen (DHBW 2016d).

Übereinstimmung herrscht bei den Merkmalen, die ein ELF-Setting charakterisieren: Danach zeichnet sich eine ELF-Situation durch eine hohe sprachliche Diversität der Kommunikationsteilnehmerinnen aus (Björkman 2013). Die Beteiligten werden ferner nicht als Englischlernende angesehen (Knapp 2011), was in der Folge bedeutet, dass bei ELF-Settings nicht die Verbesserung der Sprachkenntnisse im Vordergrund steht, auch wenn dies durchaus als Nebeneffekt auftreten kann (Björkman 2013). Als drittes Merkmal wird der kulturelle Einfluss auf das Kommunikationsverhalten angesehen. Knapp (2011) nennt dazu die Kulturunterschiede in Bezug auf den angemessenen Einsatz von Sprechakten wie z.B. das Aussprechen von Komplimenten. Außerdem führt sie die Präferenzen für ein eher direktes oder indirektes Kommunikationsverhalten auf. Das von Otten/Hertlein/Teekens (2013) angesprochene Rollenhandeln in dem institutionalisierten Kontext einer Hochschule wirkt sich nach Knapp (2011) auf die Metakommunikation in ELF-Settings aus: Zur Aushandlung der Rollen der Teilnehmerinnen bedarf es insbesondere eines gemeinsamen Verständnisses der dabei verwendeten illokutionären Verben. Dieses Verständnis ist jedoch durch den häufig auftretenden Transfer der lexikalischen Bedeutung eines Wortes aus der Muttersprache in die Lingua franca nicht immer vorhanden (Knapp 2011).

Inwieweit Gesprächsteilnehmerinnen ihre kulturellen Kommunikationsnormen in eine ELF-Situation einbringen, zeigt die Studie von Pölzl/Seidlhofer (2006). Ihre Analyse einer Konversation zwischen einer österreichischen Forscherin und vier jordanischen Studierenden an der University of Jordan stellt die Bedeutung des Kontexts dar, in dem ein ELF-Setting stattfindet: Demnach brachten die arabischen Muttersprachlerinnen verstärkt ihre eigenkulturellen Kommunikationsnormen wie beispielsweise indirekte Formulierungen als Ausdruck einer abweichenden Meinung in die ELF-Gesprächssituation ein. Die Autorinnen zogen daraus die

Schlussfolgerung, dass ein sozio-psychologischer Effekt das Kommunikationsverhalten beeinflusst, den sie als „habitat factor" (Pölzl/Seidlhofer 2006:173) bezeichnen: Findet das ELF-Setting in der heimischen Umgebung statt, sind die Teilnehmerinnen eher geneigt, ihre eigenkulturellen Kommunikationsnormen in die englische Sprache einzubringen. Auch wenn die Studie nicht repräsentativ war (Pölzl/Seidlhofer 2006), so ist das Ergebnis ein interessanter Aspekt für die interkulturellen Lehr-Lernsituationen an der DHBW Ravensburg: Auch hier befinden sich die Dozentinnen und nationalen Studierenden in einem für sie vertrauten kulturellen Kontext, aus dem heraus sie ihre Kommunikation mit den internationalen Studierenden führen.

4.4 Zwischenfazit: Kontextuelle Anforderungen an Dozentinnen

Die Komponenten der Makro- und Mikroebene überschneiden sich stellenweise, weshalb sie an dieser Stelle zusammengeführt und als Bewältigungsfaktoren formuliert werden.

Für die nationalen Studierenden besteht eine Anwesenheitspflicht an den Lehrveranstaltungen, die für die internationalen Studierenden aufgrund des fehlenden dualen Partners im Hintergrund in dieser Form nicht zwingend vorhanden ist. Nehmen die internationalen Studierenden nicht regelmäßig an den Vorlesungen teil, kann dies zu Unmut bei den nationalen Studierenden führen, vor allem, wenn sich durch die unterschiedlichen Anwesenheiten ein heterogener Wissensstand entwickelt, der das Vorankommen im Stoff verlangsamt. Als Bewältigungsfaktor ergibt sich für die Dozentin damit:

> *potenzielle Konflikte zwischen den Studierendengruppen erkennen und moderieren können.*

Das auf die berufliche Handlungskompetenz ausgerichtete Bildungsziel der DHBW erfordert die Aufbereitung und den Einsatz von Praxisbeispielen in der Lehre. Im Sinne der konstruktivistischen Lehrtheorie sollte die Dozentin bei der Themenauswahl darauf achten, dass die Studierenden Anknüpfungspunkte in den Lehrinhalten finden. Die Themen bzw. Praxisbeispiele sollten daher nicht zu regionalspezifisch gewählt sein (Marlina 2009), damit auch die internationalen

Studierenden an ihr Vorwissen andocken können. Daraus resultiert der Bewältigungsfaktor:

überregionale Praxisbeispiele einsetzen.

Aufgrund der standortübergreifenden Modulbeschreibungen unterliegen die Dozentinnen einheitlichen Lehr-Lernzielen. Dieser enge Zielkorridor kann auf der einen Seite von Vorteil sein, weil die Interaktionen in den Lehrveranstaltungen sich auf ein konkretes Handlungsziel hin ausrichten und daher ein Gemeinschaftsgefühl im Sinne Röschs (2015) leichter herzustellen ist. Auf der anderen Seite kann der Zielkorridor das Gegenteil bewirken, weil die Hochschullehrerinnen möglicherweise unter einen gewissen (Zeit-)Druck geraten und somit nicht mehr diversitätsgerecht agieren können. Zur Bewältigung dieser Situationen stellt sich an die Dozentinnen folgende Anforderung:

das Spannungsfeld zwischen formalen Vorgaben und diversitätsgerechter Lehre aushalten bzw. lösen können.

Um die Blöcke mit vier oder mehr Unterrichtseinheiten abwechslungsreich gestalten zu können und der Forderung aus der konstruktivistischen Lehrtheorie nach aktivierenden Methoden gerecht zu werden, sollten die Dozentinnen verstärkt interaktive Lehrmethoden einsetzen. Das Wissen über mögliche Hemmungen gegenüber diesen Methoden bzw. Präferenzen für bestimmte Interaktionen auf Seiten der internationalen Studierenden erleichtert dabei einen kultursensiblen Methodeneinsatz. Wie Li/Jia (2006) beispielsweise ausführen, wurden von den chinesischen Probandinnen in ihrer Studie Kleingruppenarbeiten gegenüber Diskussionen im Plenum bevorzugt, weil sie sich hier wohler fühlten. Als Bewältigungsfaktor kann daher formuliert werden:

interaktive Methoden kultursensibel einsetzen.

Durch den Einsatz von interaktiven Methoden in den Lehrveranstaltungen steigen nach Meinung von Knapp (2011) aber auch die Anforderungen an die Kommunikationsfähigkeit der Dozentin: So muss sie den genauen Ablauf der Methode definieren, die Rollen verteilen und mögliche Konflikte während der Gruppenarbeiten schlichten (Knapp 2011). Als Bewältigungsfaktoren sind daher zu nennen:

bei interaktiven Methoden detailliert kommunizieren

eventuell auftretende Konflikte zwischen den Studierenden während der Gruppenarbeiten moderieren.

Kennen die Dozentinnen die unterschiedlichen Auffassungen von einer „aktiven Mitarbeit", dann können sie durch ein entsprechendes Verhalten vor allem den ostasiatischen Studierenden entgegenkommen. So schafft das Bearbeiten von Materialien, die zur Vorbereitung auf die nächste Vorlesung ausgeteilt werden, bei den Studierenden ein Gefühl der Sicherheit, wodurch sie sich eher trauen, Wortbeiträge einzubringen (Li/Jia 2006). Daraus resultieren die Bewältigungsfaktoren:

das unterschiedliche Verständnis von „aktiver Mitarbeit" kennen

Zusatzmaterialien als Vorbereitung auf die nächste Vorlesung austeilen.

Nicht nur die interaktiven Methoden, sondern auch die ELF-Settings führen zu erhöhten Anforderungen an die Kommunikationsfähigkeit. Da es dabei nicht um die Verbesserung der Sprachkenntnisse geht, stehen nach Jenkins (2011) auch nicht perfekte Englischkenntnisse im Vordergrund, sondern vielmehr das Ausschöpfen eines multilingualen Repertoires. Erfolgreiche ELF-Sprecherinnen benutzen in ihrer Konversation Wörter aus anderen ihnen bekannten Sprachen. Anhand dieses Sprachenwechsels kommen sie ihren Kommunikationspartnern entgegen und bringen damit eine affektive Komponente ein (Jenkins 2011). Dozentinnen können ELF-Settings demnach u.a. erfolgreich bewältigen, indem sie:

das eigene multilinguale Repertoire ausschöpfen.

Trotzdem sollte nicht der Eindruck entstehen, dass korrektes Englisch in ELF-Situationen irrelevant sei. Björkmann (2013) fordert die Beteiligten eines ELF-Settings vielmehr auf, sich die Mühe zu machen, möglichst korrektes Englisch anzuwenden. Für die Dozentinnen gilt daher:

in möglichst fehlerfreiem Englisch kommunizieren.

Durch die hohe Diversität an Englischkenntnissen der Interaktanten in ELF-Settings sollten Dozentinnen ihre Aufmerksamkeit verstärkt darauf richten, dass durch ihr verbales Kommunikationsverhalten die Lerninhalte verständlich vermittelt werden. Björkman (2013:179) fasst dies unter dem Begriff des „comprehension-facilitating behavior" zusammen: So fordert sie Dozentinnen auf, Monologe durch viele Fragen an die Studierenden aufzubrechen und genügend Zeit zur Beantwortung der Fragen einzuräumen (Björkman 2013). Damit wird gewährleistet, dass die Studierenden in Ruhe ihre Antworten formulieren können und damit eine Chance auf einen Wortbeitrag haben. Gleichzeitig empfiehlt Björkman (2013), mit Wiederholungen zu arbeiten. Wird der Inhalt auf unterschiedliche Art und Weise und durch den Gebrauch von Synonymen erklärt, besteht für die Studierenden eine größere Chance, den Stoff mit dem ihnen zur Verfügung stehenden Vokabular zu verstehen. Als weitere Bewältigungsfaktoren in ELF-Settings folgen daher:

verstärkt in den Dialog mit den Studierenden treten und genügend Zeit zur Beantwortung der Fragen einräumen

Lehrstoff anhand von Synonymen wiederholen.

Um die eigenkulturellen Kommunikationsnormen überwinden zu können und damit den internationalen Studierenden entgegenzukommen, benötigen Lehrpersonen im ersten Schritt Kenntnis über den „habitat factor" und im zweiten Schritt die notwendige Reflexionsfähigkeit zu ihrem Kommunikationsverhalten. Als letzte Bewältigungsfaktoren können daher aufgeführt werden:

den „habitat factor" kennen

das eigene Kommunikationsverhalten reflektieren.

Die empirische Untersuchung, die im folgenden Kapitel vorgestellt wird, soll zeigen, inwieweit diese theoriegeleiteten Bewältigungsfaktoren tatsächlich für Dozentinnen an der DHBW Ravensburg bestehen. Es soll aber auch der Frage nachgegangen werden, ob darüber hinaus noch weitere Anforderungen für Lehr-Lernsituationen mit multikulturellen Studierendengruppen existieren.

5 Gang der Untersuchung

5.1 Datenerhebung an der DHBW Ravensburg

5.1.1 Triangulation qualitativer Datenerhebungsmethoden

Da bislang noch kein Kompetenzprofil für Dozentinnen existiert, die interkulturelle Lehrveranstaltungen an der DHBW durchführen, handelt es sich in der vorliegenden Arbeit um eine explorative Untersuchung, für die Oswald (2013) ein qualitativ ausgerichtetes Forschungsvorhaben befürwortet. Der detaillierte Aufbau des Forschungsdesigns hängt in der interkulturellen Kommunikation von den bevorzugten Methoden der wissenschaftlichen Bezugsdisziplin(en) und dem verwendeten Kulturkonzept ab (Barié-Wimmer/von Helmolt/Zimmermann 2013).

In den Erziehungswissenschaften haben qualitative Methoden verstärkt Einzug gehalten (Baacke 2012; Bennewitz 2013). So sind nach Baacke (2012) die untersuchten Subjekte Akteure, deren Wertungsperspektive es einzubeziehen gilt. Diese Perspektive wird jedoch vernachlässigt, wenn sie nur Messoperationen unterzogen wird, wie es in der quantitativen Forschung der Fall ist (Baacke 2012). Die Unterrichtswirklichkeit wird inzwischen als kulturelle Praxis angesehen (Friebertshäuser/Panagiotopoulou 2013), bei der sich nach Bennewitz (2013) die Handelnden in der Interaktion auf Bedeutungszusammenhänge einigen. Um Zugang zu diesen Bedeutungszusammenhängen zu erhalten, wurde in den Erziehungswissenschaften im deutschsprachigen Raum zunächst das Interview als Datenerhebungsmethode eingesetzt. Innerhalb der letzten Dekade nahm aber die Triangulation von teilnehmender Beobachtung und Interviews eine immer bedeutendere Stellung ein (Bennewitz 2013). Auch in der Hochschuldidaktik wird aufgrund der Komplexität von Lehrkompetenz ein Methodendesign gefordert, das multiperspektivisch und ergebnisoffen angelegt ist (Heiner 2013), was für eine Triangulation qualitativer Methoden spricht.

Der vorliegenden Arbeit wurde der offene und damit prozessuale Kulturbegriff zugrunde gelegt. Dieses Kulturverständnis erfordert den Einsatz von Forschungsmethoden, die auf die Erklärung der Kulturgenese in der sozialen Praxis abzielen (Barié-Wimmer/von Helmolt/Zimmermann 2014). Ferner wird zur Erforschung von interkultureller Kompetenz in interkulturellen Arbeitskontexten ein offenes Vorgehen als notwendig erachtet (von Helmolt 2014), und somit für den

Einsatz qualitativer Methoden plädiert. Auch Merkens (2007) spricht sich innerhalb der interkulturellen Kommunikation für die Anwendung qualitativer Methoden aus. Er fordert als notwendige Forschungsstrategie eine Kombination aus Interview und teilnehmender Beobachtung, um neben sprachlichen Aspekten auch das Verhalten der Beteiligten erfassen zu können (Merkens 2007).

Um den Forderungen aus den beiden Bezugsdisziplinen und dem Kulturkonzept gerecht zu werden, trianguliere ich qualitative Datenerhebungsmethoden. Eine Triangulation hat den Vorteil, dass durch die Erfassung der subjektiven Theorien der Akteure und der Interpretation des beobachtbaren Handelns unterschiedliche Perspektiven systematisch einbezogen und dadurch ein umfassenderes Verständnis für den Forschungsgegenstand gewonnen werden kann (Flick 2011).

Wie aus Abbildung 7 hervorgeht, werden auf der Akteursebene die nationalen und internationalen Studierenden nach ihren Erwartungen und den zugrunde liegenden Motiven an das Rollenhandeln in Lehrveranstaltungen mit multikulturellen Studierendengruppen befragt. Die Erfahrungen der Dozentinnen werden anhand von Experteninterviews eruiert. Ergänzt werden die Befragungen und Experteninterviews um teilnehmende Beobachtungen, wodurch das tatsächliche Verhalten der Akteure in die Untersuchung einbezogen werden kann. Wie Breidenstein et al. (2015) ausführen, kann die Forscherin nur durch ihre Präsenz in der Situation, in der die sozialen Ordnungen vollzogen werden, die Aussagen aus den Befragungen der Teilnehmer selbst verstehen und nachvollziehen. Dies führt allerdings nicht dazu, dass die Daten an Objektivität gewinnen (Breidenstein et al. 2015).

Abbildung 7: Aufbau des Forschungsdesigns

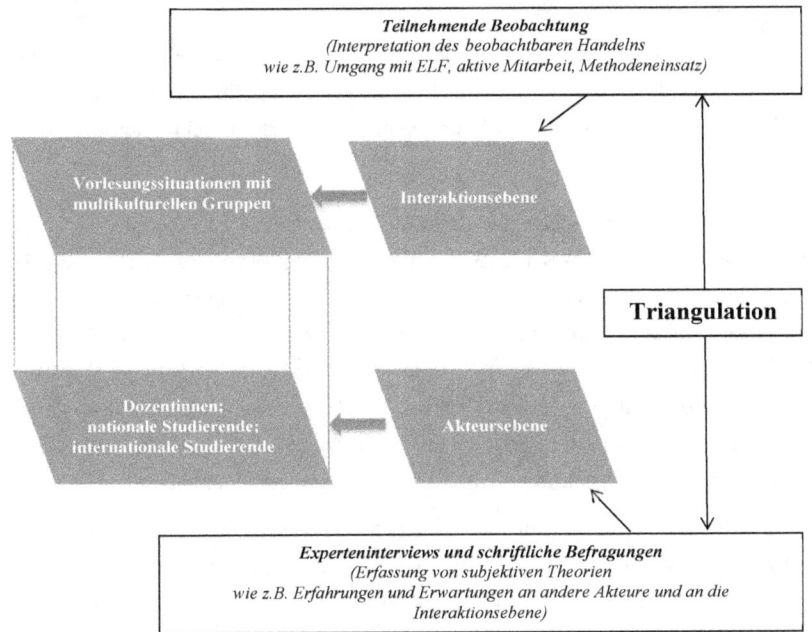

Quelle: eigene Darstellung

Die Datenerhebungsphase fand während des Semesterquartals vom 01.10.2015 – 23.12.2015 statt. Die Methoden wurden sequentiell angewendet d.h., zu Semesterbeginn im Oktober fanden zunächst die Befragungen der internationalen und danach der nationalen Studierenden statt. Anschließend wurden die Experteninterviews mit den Dozentinnen durchgeführt. Die Datenerhebungsphase endete mit den teilnehmenden Beobachtungen im Dezember 2015.

Bei der Anwendung verschiedener Methoden steigt nach Flick (2011) die Belastungsgrenze für die Untersuchungsteilnehmerinnen, da sie nicht nur für ein Interview, sondern auch für teilnehmende Beobachtungen zur Verfügung stehen müssen. Daher besteht bei einer Triangulation die erhöhte Gefahr, dass sich mögliche Probanden nicht bereit erklären, an der Studie mitzuwirken (Flick 2011). Aus diesem Grund kam der Kommunikation mit den jeweiligen Teilnehmerinnen im Vorfeld der Untersuchung eine große Bedeutung zu.

Flick (2011) macht auch deutlich, dass jede im Forschungsprozess angewandte Methode den Forschungsgegenstand auf die ihr spezifische Art und Weise konstituiert, so dass durch eine Triangulation keine größere Validität der Daten erzielt wird. Die Spezifika der eingesetzten Methoden und ihre konkrete Anwendung im Feld werden in den folgenden Unterkapiteln detaillierter beschrieben.

5.1.2 Befragung von internationalen Studierenden

Um der Forderung der GWK (2013) nach einer serviceorientierten Lehre gerecht zu werden, muss zunächst ermittelt werden, welche Erwartungen die internationalen Studierenden an die Lehre und das Rollenhandeln der Dozentinnen in Deutschland haben. Da unterschiedliche soziale Hintergründe in unterschiedliche Erwartungshaltungen an die Lehre resultieren (Wildt 2013), ist davon auszugehen, dass vor allem die internationalen Studierenden durch die Sozialisation in ihren Heimatländern sehr unterschiedliche Erwartungen an die Lehre in Deutschland haben.

Für die Erhebung der Erwartungshaltungen kam die sogenannte Leitertechnik zum Einsatz, die nach Kuß/Wildner/Kreis (2014) eine spezielle Form des Tiefeninterviews darstellt. Die in den USA entwickelte Methode wird seit den 1980-er Jahren hauptsächlich in der Marktforschung eingesetzt, da mit ihr die Motive und Wertvorstellungen von Konsumentinnen bei der Kaufentscheidung ermittelt werden können (Kuß/Wildner/Kreis 2014). Nach Balderjahn/Scholderer (2007) wird dazu die Konsumentin aufeinanderfolgend gefragt, warum etwas wichtig für sie ist. Durch diese Fragetechnik dringt die Interviewerin immer tiefer in die Motivlage der Kundin ein, so dass die anschließende Analyse der Ergebnisse fundierte Entscheidungsgrundlagen für die Gestaltung von Produkten oder Dienstleistungen liefert (Balderjahn/Scholderer 2007).

Übertragen auf eine Lehr-Lernsituation bedeutet dies, dass die Studierenden spezifische Erwartungshaltungen an die „Dienstleistung" Lehrveranstaltung haben, die auf bestimmten Motiven beruhen. Sind diese bekannt, hat die Dozentin die Möglichkeit, über Anreize und Verstärkungen das Lern- und Leistungsverhalten positiv zu beeinflussen (Schlag 2013). Aus den Motiven der Studierenden resultieren folglich spezielle Anforderungsmerkmale an das Rollenhandeln der Lehrperson.

Das permanente Fragen nach den Gründen einer Erwartungshaltung zwingt die Probanden, ihre Erwartungen und die zugrunde liegenden Motive kritisch zu reflektieren (Reynolds/Gutman 1988), wodurch voreilig formulierte Erwartungen vermieden werden können. Die Interviewtechnik wird nach Balderjahn/Scholderer (2007) in Soft- und Hard-Laddering unterteilt. Soft-Laddering bezeichnet ein persönliches Interview, während bei der Hard-Laddering-Methode die Fragen schriftlich in einem Fragebogen beantwortet werden (Balderjahn/Scholderer 2007). Aufgrund der Steuerungsmöglichkeit des Interviews durch die Forscherin empfehlen Grunert/Grunert (1995) den Einsatz von Soft-Laddering immer dann, wenn die Befragten wenig Berührungspunkte und/oder kaum Erfahrung mit dem Produkt bzw. der Dienstleistung aufweisen. Hard-Laddering wird als sinnvoll erachtet, wenn die Konsumenten stärker mit dem Produkt involviert sind und dadurch bereits Erfahrungen sammeln konnten (Grunert/Grunert 1995). Auf die Gruppe der internationalen Studierenden treffen beide Merkmale zu: Sie haben zwar i.d.R. bislang keine Erfahrungen mit den Lehrveranstaltungen an der DHBW Ravensburg gemacht, aber andererseits kennen sie durch ihr bisheriges Studium die Dienstleistung „Lehre".

Ursprünglich war geplant, die Soft-Laddering-Methode einzusetzen. Üblicherweise reisen die internationalen Studierenden über einen Zeitraum von mehreren Tagen vor Semesterbeginn an, so dass genügend Zeit für Einzelinterviews vor dem Besuch der ersten Vorlesung gewesen wäre. Dieser Befragungszeitpunkt war wichtig, um mögliche Beeinflussungen der Erwartungshaltungen an die Lehrveranstaltungen in Deutschland zu vermeiden. So werden kognitive Prozesse u.a. durch die Teilhabe an kulturellen Praktiken geformt (Nisbett/Miyamoto 2005) und können sich in einem neuen Umfeld verändern (Grunert/Grunert 1995). In dem betreffenden Semesterquartal reiste die Mehrheit der Studierenden aber en bloc am 30.09.2015 an und hatte eine Veranstaltung bereits am Nachmittag des darauffolgenden Tages. Am Vormittag des 01.10.2015 fanden die Gespräche mit den Mitarbeitern des International Office statt, um die zu besuchenden Lehrveranstaltungen festzulegen. Diesen Pflichttermin konnte ich nutzen, um im Anschluss an die jeweiligen Gespräche die Studierenden einzuladen, an meiner Befragung teilzunehmen. Über mein Forschungsvorhaben und die Interviews hatte ich sie einige Tage vor ihrer Anreise bereits per E-Mail informiert.

Aufgrund des engen Zeitkorridors entschied ich mich allerdings für die Hard-Laddering-Methode, die ich im selben Vorlesungsraum durchführen konnte, in dem die Mitarbeiter des International Office ihre Gespräche führten. Durch die Nutzung eines Vorlesungsraums als Befragungsort wurden die externen Gegebenheiten dem Untersuchungsgegenstand angepasst und damit die kognitiven Prozesse der Probanden auf den Themenbereich des Interviews eingestimmt (Reynolds/Gutman 1988). Der Fragebogen lehnte sich an den bereits von Voss/Gruber/Szmigin (2007) eingesetzten Bogen zur Abfrage der Erwartungen von Lehramtsstudierenden an. Ich adaptierte ihn allerdings auf das gesamte Spektrum des Rollenhandelns der Akteure in einer Lehr-Lernsituation hin, indem ich die Erwartungen an die Dozentinnen, an die Ausgestaltung der Vorlesungen und an das Verhalten der deutschen Kommilitoninnen abfragte (siehe Anhang 1)[6]. Die Bezeichnung „German fellow students" in dem Fragebogen wurde bewusst gewählt, da den internationalen Studierenden die sprachliche Differenzierung an der DHBW Ravensburg zwischen nationalen und internationalen Studierenden nicht bekannt war. In jeder Rubrik standen zwei Werteleitern zum Ausfüllen zur Verfügung, wobei die Studierenden darauf hingewiesen wurden, dass sie bei Vorliegen von mehr als zwei Erwartungen pro Rubrik die Rückseite bzw. die letzte Seite mit der Rubrik „miscellaneous" benutzen konnten. Die Entscheidung für zwei Werteleitern pro Rubrik wurde aufgrund des Pretests getroffen, der im dritten Quartal 2015 mit einer Auswahl an internationalen Studierenden durchgeführt wurde. Hier hatten den Probanden vier Werteleitern zur Verfügung gestanden, von denen meist maximal zwei ausgefüllt worden waren.

Aus forschungsökonomischen Gründen wurde die Befragung auf Englisch durchgeführt, damit ich die Aussagen selbst übersetzen konnte und nicht diverse Übersetzer für die unterschiedlichen Muttersprachen der Studierenden heranziehen musste. Den Studierenden wurde jedoch freigestellt, bei Formulierungsproblemen ein Übersetzungsprogramm auf ihrem Smartphone zu benutzen.

Durch die Hard-Laddering-Methode konnten innerhalb von drei Stunden die Erwartungen von acht Studierenden erfasst werden. Weitere sieben Studierende nahmen aufgrund des Anschlusstermins bzw. Problemen mit den

---

[6] Alle Anhänge können online unter www.ibidem-verlag.de/downloads/9783838211442.pdf abgerufen werden.

Übersetzungsprogrammen auf ihren Smartphones den Bogen mit nach Hause, um ihn dort in Ruhe ausfüllen zu können. Von diesen sieben Bögen erhielt ich trotz persönlicher Terminvereinbarung und schriftlicher Kontaktaufnahme per E-Mail nur drei ausgefüllt zurück.

Im Anschluss an den 30.09.2016 reisten noch sechs weitere Studierende an, die individuelle Besprechungstermine mit dem International Office wahrnahmen. Ein Sammeltermin für eine Befragung war daher nicht möglich. Diese Studierenden kontaktierte ich ebenfalls per E-Mail, um ihre Bereitschaft für eine Teilnahme zu eruieren. Von den sechs angeschriebenen Studierenden erklärte sich eine Studentin zur Teilnahme bereit. Einschränkend muss hinzugefügt werden, dass diese Studentin bereits zwei Vorlesungen besucht hatte, bevor wir einen geeigneten Termin für die Befragung arrangieren konnten.

Von den insgesamt 12 Teilnehmern waren sechs männlich und sechs weiblich. Jeweils drei Studierende besaßen die mexikanische bzw. südkoreanische Staatsbürgerschaft und zwei die südafrikanische. Aus Russland, Finnland, Italien und Portugal nahm jeweils eine Person an der Umfrage teil. Die Studierenden waren zwischen 19 und 25 Jahre alt.

Die manuell ausgefüllten Bögen wurden von mir in MS Word übertragen, wobei Orthographie- und Grammatikfehler nicht korrigiert wurden, um eine identische Abschrift der manuellen Bögen zu erhalten.

5.1.3 Befragung von nationalen Studierenden

Die nationalen Studierenden wurden ebenfalls mithilfe der Hard-Laddering-Methode befragt, um bei allen Studierenden einheitlich vorzugehen. Aufgrund der Erfahrungen mit den internationalen Studierenden, die teilweise Probleme hatten, ihre Erwartungen auf Englisch zu formulieren, wurde der Bogen für die nationalen Studierenden in deutscher Sprache verfasst (siehe Anhang 2).

Um eine möglichst hohe Rücklaufquote zu erreichen, entschied ich mich für eine Vollerhebung in einem Erstsemesterkurs im Studiengang IB. Dieser hatte ab Mitte November eine Lehrveranstaltung, die für die internationalen Studierenden geöffnet war. Alternativ hätte im Datenerhebungszeitraum noch ein Fünftsemesterkurs befragt werden können. Von diesem Kurs verbrachten allerdings in dem betreffenden Quartal einige Personen ein Semester im Ausland, so dass nur noch 15 Studierende in Ravensburg anwesend waren. Außerdem war es schwierig, einen geeigneten Befragungstermin mit den Studierenden zu finden, da der Kurs durch den Besuch der Wahlpflichtfächer des dritten Studienjahrs nur noch wenige Lehrveranstaltungen gemeinsam besuchte.

Eine Lehrbeauftragte überließ mir für die Befragung 15 Minuten ihrer Vorlesungszeit. Dadurch war gewährleistet, dass alle Studierende des Kurses im Raum anwesend waren und den Bogen nicht unter dem Einfluss einer allgemeinen Aufbruchsstimmung ausfüllten, was vermutlich nach dem offiziellen Ende einer Vorlesung der Fall gewesen wäre.

Der Kurs wurde von mir einige Tage im Vorfeld der Befragung per E-Mail kontaktiert und über das Forschungsvorhaben informiert. Darüber hinaus erläuterte ich in der zur Verfügung gestellten Vorlesungszeit den Bogen persönlich anhand von Foliensätzen.

Zum Befragungszeitpunkt waren 24 Studierende anwesend. Drei Studierende verstanden die Fragestellung falsch, da sie in dem Bogen ihre Erwartungen an Gastdozentinnen von ausländischen Partnerhochschulen formulierten. Diese Bögen wurden von mir aussortiert, so dass die Erwartungen und Motive von 21 nationalen Studierenden zur Auswertung zur Verfügung standen. Von diesen 21 Studierenden, die sich im Alter zwischen 18 und 26 Jahren befanden, waren zehn männlich und elf weiblich. Damit ist die Struktur der demographischen Daten dieser Kohorte vergleichbar mit der Gruppe der internationalen Studierenden.

Die Bögen wurden ebenfalls elektronisch in MS Word aufbereitet. Analog zu den internationalen Studierenden wurden Orthographie- und Grammatikfehler nicht korrigiert.

5.1.4 Experteninterviews mit Dozentinnen

Experteninterviews werden nach Meuser/Nagel (2013) in der Bildungsforschung häufig eingesetzt, um an das Wissen über Handlungsroutinen und Erfahrungen zu gelangen. Als Experten werden die Interviewpartner verstanden, die über spezifisches Wissen über die zu erforschenden Sachverhalte verfügen (Gläser/Laudel 2010). In der vorliegenden Untersuchung wurde eine Auswahl an Dozentinnen als Expertinnen befragt. Anhand ihrer Darstellungen sollten die Anforderungen an die Rolle der Hochschullehrerin rekonstruiert werden.

Für die Interviews habe ich einen Professor und zwei Professorinnen ausgewählt, die alle hauptamtlich an der DHBW Ravensburg tätig sind. Bei den Bezeichnungen wende ich im Folgenden allerdings wieder grundsätzlich die weibliche Form an, um die Anonymität der Teilnehmerinnen besser wahren zu können. Alle drei Expertinnen unterrichten regelmäßig multikulturelle Gruppen. Ihre Bereitschaft für ein Interview wurde in persönlichen Gesprächen im Vorfeld eruiert, da die Motivation an der Teilnahme ein wichtiges Kriterium bei der Auswahl von Experten darstellt (Breidenstein et al. 2015). Meine Präferenz galt internen Lehrpersonen, da der persönliche Zugang aufgrund der täglichen Zusammenarbeit leichter und die Optionen für Gesprächstermine durch die im Vergleich zu externen Lehrbeauftragten konstantere Anwesenheit größer waren. Die drei Professorinnen habe ich gezielt wegen ihres unterschiedlich langen Erfahrungshintergrunds mit multikulturellen Studierendengruppen ausgewählt, um Zugang zu einer größeren Perspektivenbandbreite zu erhalten. So müssen Expertinnen nicht zwingend langfristige Erfahrungen gesammelt haben, um als Interviewpartnerin interessant zu sein. Nach Breidenstein et al. (2015) können auch Personen interviewt werden, die noch relativ neu im Feld sind und daher noch nicht alles als selbstverständlich ansehen.

Meuser/Nagel (2013) halten ein leitfadengestütztes offenes Interview für ein angemessenes Datenerhebungsinstrument, um einerseits das funktionsbezogene Wissen gezielt abfragen zu können, und andererseits eine notwendige flexible Interviewführung gewährleisten zu können. Aus diesem Grund wurde ein Leitfaden erstellt, der in drei Themenblöcke eingeteilt war: Der erste Block enthielt Fragen zum persönlichen Hintergrund der Dozentinnen. Im zweiten Block wurde eine mögliche Partizipation an Vorbereitungsmaßnahmen auf Lehrveranstaltungen mit multikulturellen Gruppen angesprochen. Obwohl dieses Thema keinen direkten Bezug zur Forschungsfrage hatte, habe ich es dennoch in den Leitfaden aufgenommen, um herauszufinden, ob sich ein ähnliches Stimmungsbild wie bei der Studie von Straub/Schirmer (2010) ergeben würde, nach der es kaum Unterstützungsangebote für Dozentinnen in multikulturellen Lehrveranstaltungen gab. Der Fokus der Interviews lag auf dem dritten Themenblock, bei dem die Dozentinnen zu ihren Erfahrungen und Wahrnehmungen befragt wurden. Der

Leitfaden wurde nach dem ersten Interview um eine abschließende Frage ergänzt (siehe Anhang 3).

Die Einzelinterviews fanden in unterschiedlichen Büros der DHBW Ravensburg statt. Alle Expertinnen willigten in eine digitale Aufnahme der Gespräche ein, so dass sie anschließend mit der Software MAXQDA transkribiert werden konnten. Die Texte wurden dabei von mir geglättet, da diese Form der Transkription für die anvisierte Auswertung mithilfe der qualitativen Inhaltsanalyse als ausreichend angesehen wird (Gläser/Laudel 2010). Es geht dabei vorrangig um den Inhalt der Texte und nicht um linguistische Besonderheiten. Ferner habe ich Passagen entfernt, durch deren Inhalt man einen eindeutigen Bezug zur Person hätte herstellen können, und damit die Anonymität der Interviewpartnerinnen aufgehoben worden wäre. Die entfernten Textstellen wurden mit einem entsprechenden Kommentarfeld gekennzeichnet.

5.1.5 Teilnehmende Beobachtung in Vorlesungen

Während sich durch Interviews die Konzepte der Befragten zu einer Kultur eruieren lassen, rückt bei der Methode der teilnehmenden Beobachtung der Vollzug kultureller Praktiken in den Vordergrund (Kelle 2013). Die teilnehmende Beobachtung wird von Merkens (2007:26) als „eine interessengeleitete Form der Wahrnehmung" definiert, da die Beobachterin den Wahrnehmungsprozess auf die Beantwortung der Forschungsfrage hin ausrichtet. Durch diese Methode erhält die Forscherin Zugang zur interkulturellen Performanz, die sich in der Interaktion zeigt und damit beobachtbar ist (von Helmolt 2014).

Der Zugang zum Feld ist bei der teilnehmenden Beobachtung von großer Bedeutung, wobei im Feld für die Beobachterin eine Rolle vorhanden sein muss, die sie einnehmen kann (Merkens 2007). Breidenstein et al. (2015) sehen den Zugang bei Vorlesungen als eher unproblematisch an, da die Interaktion durch die Rollenverteilung von Dozentin und Studierenden vorgegeben ist, so dass die Beobachterin nur in die Rolle einer zusätzlichen Studentin schlüpfen muss. Dies war auch der Fall in den Vorlesungen, bei denen ich als teilnehmende Beobachterin anwesend war. Es handelte sich einerseits um zwei Vorlesungen aus dem Studiengang IB, in denen nationale und internationale Studierende teilnahmen. Die Bereitschaft und mögliche Termine für die teilnehmenden Beobachtungen wurden im

Vorfeld mit den beteiligten Dozentinnen in persönlichen Gesprächen abgeklärt. Zum anderen war ich bei einer Vorlesung aus dem ISP anwesend, die nur für die internationalen Studierenden konzipiert und von ihnen besucht wurde. Ursprünglich war nicht angedacht gewesen, diese Vorlesung in das Forschungsfeld einzubeziehen. Eine Dozentin aus IB, die mir ihre Lehrveranstaltung zunächst für eine Beobachtung angeboten hatte, wurde jedoch gegen Ende des Datenerhebungszeitraums krank, so dass nicht gewährleistet war, dass ihre letzten Vorlesungstermine noch stattfinden würden. Um aber Datenmaterial aus mindestens zwei Vorlesungen gewinnen zu können, nahm ich mit der Dozentin der ISP-Veranstaltung Kontakt auf, um eine beobachtende Teilnahme ihrer Vorlesung abzuklären. Obwohl die andere Dozentin wieder rechtzeitig gesund wurde, und ich ihre Vorlesung teilnehmend beobachten konnte, war der Besuch der Vorlesung im ISP sehr aufschlussreich. Es zeigte sich ein Kontrast zwischen den Vorlesungen, in denen die Studierendengruppen aus nationalen und internationalen Studierenden bestanden, und der Vorlesung aus dem ISP. Dies wird noch näher in Kapitel 5.2.5 thematisiert.

Unter Bezugnahme der Merkmale von teilnehmenden Beobachtungen nach Kochinka (2007) sind meine Besuche der Vorlesungen wie folgt zu charakterisieren:

- Es handelte sich nicht um Labor-, sondern um *Feldbeobachtungen*, da die Vorlesungen auch unabhängig von meinen Forschungen stattgefunden hätten.
- Meine Teilnahmen legte ich zu Beginn jeder Vorlesung *offen*, indem ich mich und mein Forschungsvorhaben den Studierenden vorstellte. Zum einen wollte ich mit der Offenlegung meiner Beobachtungen Verunsicherungen in Bezug auf meine Absichten entgegenwirken (Nicklas 2007), zum anderen kannten mich sowieso bereits die meisten Studierenden aus den vorhergehenden schriftlichen Befragungen.
- Das Beobachtungssystem bestand aus einer Kombination von *strukturierten* und *unstrukturierten* Beobachtungen. So war beispielsweise die Überprüfung der Aussagen der Experteninterviews ein Selektionsraster für die Beobachtungen und damit Merkmal einer strukturierten Beobachtung. Allerdings änderte sich auch der Beobachtungsfokus bei Auffälligkeiten, für die nach einer Erklärung gesucht wurde.
- Da ich nicht selbst als Dozentin in den Lehr-Lernsituationen tätig war, erfolgten die teilnehmenden Beobachtungen *passiv*.

- In Abstimmung mit den beteiligten Dozentinnen wurden keine Video- oder Audioaufzeichnungen gemacht, so dass es sich um *unvermittelte* Beobachtungen handelte. Durch den Verzicht auf Aufnahmegeräte sollte ein möglichst authentisches Verhalten aller Akteure der interkulturellen Lehr-Lernsituation erreicht werden. Unmittelbar im Anschluss an die teilnehmenden Beobachtungen erstellte ich anhand der Feldnotizen die Protokolle.

Einschränkend muss hinzugefügt werden, dass sich die teilnehmenden Beobachtungen auf Vorlesungen und damit auf einen bestimmten Ausschnitt der Lehrveranstaltungen bezogen. Die Phasen der Vor- und Nachbereitung sowie der Prüfungen wurden nicht teilnehmend beobachtet. Eine Ausnahme stellt die Vorlesung im ISP dar, bei der zufällig die Studierenden ihre Präsentationen hielten, die gleichzeitig die Prüfungsleistung darstellten.

5.1.6 Kritische Reflexion der Datenerhebung

Die Literatur sieht durch die Steuerungsmöglichkeit des Interviews die Soft-Laddering-Methode gegenüber der Hard-Laddering-Methode im Vorteil (Grunert/Grunert 1995). Dies darf jedoch angezweifelt werden, wenn - wie im Fall der internationalen Studierenden - eine Lingua franca eingesetzt wird. Eine schriftliche Befragung gibt den Teilnehmern mehr Raum zum Nachdenken und Formulieren ihrer Erwartungen. Für einige Studierende erwies sich die englische Sprache als hohe Kommunikationsbarriere, so dass sie ihre Erwartungen nicht spontan formulieren konnten, sondern ein Übersetzungsprogramm auf ihrem Smartphone zu Hilfe nehmen mussten. Stellenweise sprachen die Teilnehmerinnen Englisch mit einem sehr starken Akzent, so dass ich bereits während des Small Talks und den Erklärungen zum Fragebogen Schwierigkeiten hatte, manche der Studierenden zu verstehen. Ständiges Nachfragen meinerseits hätte bei Einsatz der Soft-Laddering-Methode den Fluss des Interviews jedoch erheblich gestört.

Einzig das Erreichen der letzten Stufe der Werteleiter hätte durch die Fragetechnik des Soft-Ladderings verbessert werden können (Grunert/Grunert 1995). So wurde von den nationalen Studierenden das der Erwartung zugrunde liegende Motiv nur in 57% der Fälle genannt. Dies korrespondiert mit Erfahrungen aus der Befragungspraxis, nach denen die letzte Stufe der Frageleiter nicht durchgängig erreicht wird (Balderjahn/Scholderer 2007). Die internationalen Studierenden erreichten die letzte Stufe von insgesamt 62 ausgefüllten Leitern 57 Mal, was einer Quote von 92% entspricht. Die höhere Quote könnte auf eine höhere Selbstreflexionsfähigkeit zurückzuführen sein, die bei Studierenden in höheren Semestern stärker entwickelt ist als bei einem Erstsemesterkurs. Außerdem ist zu vermuten, dass die internationalen Studierenden sich im Vorfeld des Auslandssemesters bereits bewusst Gedanken zu ihren Motiven für ein Studium an einer Partnerhochschule gemacht haben.

Meine Befürchtungen, der Geräuschpegel bei der Befragung der internationalen Studierenden könnte in dem Raum aufgrund der parallel stattfindenden Gespräche mit den Mitarbeitern des International Office zu hoch werden, waren unbegründet. Die internationalen Studierenden füllten mehrheitlich den Fragebogen sehr konzentriert aus. Auch bei der Befragung der nationalen Studierenden zeigten sich alle Probanden sehr fokussiert.

Die Experteninterviews verliefen ebenfalls ohne Störungen. Die Bereitschaft, mir für ein Interview zur Verfügung zu stehen, aber auch das Interesse an dem Forschungsvorhaben selbst, waren sehr groß. Die Fragen wurden sehr ausführlich beantwortet, so dass ein umfangreiches Datenmaterial gewonnen werden konnte. Von Vorteil war hier sicherlich das gute persönliche Verhältnis zwischen den Interviewpartnerinnen und mir, das sich durch die tägliche Zusammenarbeit in der Vergangenheit aufgebaut hatte.

Die teilnehmenden Beobachtungen erwiesen sich aufgrund der Kombination von strukturierter und unstrukturierter Beobachtung als schwierigste Datenerhebungsmethode. So war die Selektion nach Details, die sich für die spätere Auswertung als relevant erweisen sollten, nicht immer einfach. Vor allem bei der ersten Beobachtung wurde auf einen restriktiven Beobachtungsprozess anhand mehrerer vorformulierter Kriterien verzichtet. Dafür kam eine offene, jedoch wenig präzise Informationsaufnahme zum Tragen, die allerdings auch bei explorativen Untersuchungen empfohlen wird (Merkens 2007).

Ferner erfolgt bei teilnehmenden Beobachtungen bereits durch die Selektion im Wahrnehmungsprozess und die anschließende Verschriftlichung der beobachteten Situation eine subjektive Interpretation (Breidenstein et al. 2015). Bei meinen

Beobachtungen fanden die Interpretationen stellenweise schon während der schriftlichen Fixierung im Feld statt und nicht erst bei der anschließenden Anfertigung des Protokolls. Es erwies sich als sehr schwierig, ohne Audio- bzw. Videoaufzeichnungen die Situationen detailliert zu erfassen, so dass ich bereits in den Feldnotizen Zusammenfassungen und damit auch Interpretationen vornahm. Die Befürchtungen, dass meine Präsenz das Verhalten der Studierenden beeinflussen könnte, waren unbegründet. So hinderte meine Anwesenheit beispielsweise einen mexikanischen Studenten, der zwei Plätze von mir entfernt saß, nicht daran, während der Vorlesung an einer Seminararbeit zu schreiben (TB D3:33).

Kritisch ist anzumerken, dass die Validität der Untersuchung hätte erhöht werden können, wenn Befragungen nach den teilnehmenden Beobachtungen durchgeführt worden wären, um nach Intentionen oder Erklärungen für spezifische Verhaltensweisen zu fragen.

5.2 Datenauswertung

5.2.1 Inhaltliche Strukturierung anhand der qualitativen Inhaltsanalyse

Ziel der vorliegenden Analyse ist eine inhaltliche Strukturierung des Datenmaterials, um Cluster von interkultureller Lehrkompetenz bilden zu können. Die Daten liegen in schriftlicher Form vor, so dass eine textanalytische Auswertungsmethode benötigt wird. Hierzu bietet sich die qualitative Inhaltsanalyse an, die sich auch innerhalb der Erziehungswissenschaften als gängige Auswertungsmethode etabliert hat (Bennewitz 2013; Mayring/Brunner 2013).

Aufgrund der sequentiellen Methodenanwendung wäre aber auch der Forschungsstil der Grounded Theory denkbar gewesen, bei dem nach Strübing (2013) die Auswertung der ersten erhobenen Daten den Prozess der folgenden Datengewinnung beeinflusst. Die Datengewinnung, -analyse und Theoriebildung werden folglich parallel durchgeführt. In der Forschungspraxis bedeutet dies, dass der erste Fall zunächst vollständig analysiert werden muss, bevor die Datenerhebung des zweiten Falls erfolgt (Strübing 2013). Aufgrund des kurzen Zeitraums, in dem die Befragungen, Experteninterviews und teilnehmenden Beobachtungen aufeinander folgten, habe ich diese Methode aber für nicht realisierbar erachtet. Eine zeitliche Ausdehnung der Datengewinnungsphase hätte anderseits bedeutet, dass die befragten Studierenden im Folgequartal nicht mehr in der Theoriephase anwesend und damit ihre Aussagen bei den teilnehmenden Beobachtungen nicht mehr überprüfbar gewesen wären.

Die Datenauswertung erfolgte daher anhand der qualitativen Inhaltsanalyse, bei der nach Mayring (2015) die Erstellung und Anwendung eines Kategoriensystems das zentrale Element bildet. Die Kategorien werden theoriegeleitet konstruiert und begründet, um eine intersubjektive Nachvollziehbarkeit zu gewährleisten. Anschließend werden die Kategorien deduktiv an den Texten angewendet (Mayring 2015).

Gläser/Laudel (2010) kritisieren an der deduktiven Vorgehensweise die Geschlossenheit des Kategoriensystems. Ihrer Meinung nach gehen dadurch die Informationen im Text verloren, die durchaus für die Analyse wichtig sind, aber vom Kategoriensystem nicht erfasst werden. Sie öffnen daher die Vorgehensweise und erlauben während des Extraktionsvorgangs im Text eine Aufnahme weiterer bzw. eine Veränderung bereits existierender Kategorien (Gläser/Laudel 2010).

Gerade im interkulturellen Kontext ist dieses Verfahren von Bedeutung. Das Vorwissen des Interpreten selektiert und organisiert den Analyseprozess (Mayring 2015). Da dieses Vorwissen sich v.a. aus den Theorien speist, die dem kollektiven Wissensbestand angehören, weist das theoriegeleitete Kategoriensystem der qualitativen Inhaltsanalyse kulturspezifische Elemente auf. Es ist somit fraglich, inwieweit die von den Forscherinnen vorab festgelegten Kategorien tatsächlich die Perspektiven fremdkultureller Untersuchungsteilnehmerinnen erfassen können.

In der vorliegenden Arbeit kam daher die qualitative Inhaltsanalyse nach Gläser/Laudel (2010) zur Anwendung, die sich durch eine deduktive und induktive Vorgehensweise auszeichnet. Diese modifizierte Inhaltsanalyse bietet ferner einen forschungsökonomischen Vorteil, da durch die permanenten Anpassungen an das Datenmaterial der von Mayring (2015) geforderte Probedurchlauf durch eine gewisse Anzahl der Texte entfällt. Das regelgeleitete und systematische Vorgehen, das Mayring (2015) als Vorteil der qualitativen Inhaltsanalyse sieht, bleibt auch bei der abgewandelten Form von Gläser/Laudel (2010) bestehen. Der Ablauf der inhaltlichen Strukturierung erfolgte in vier Hauptschritten und ist in Abbildung 8 graphisch dargestellt:

Abbildung 8: Ablauf der inhaltlichen Strukturierung

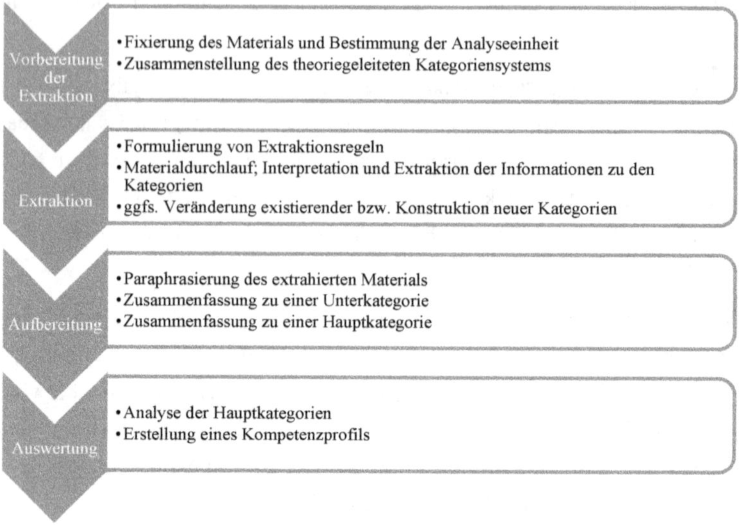

Vorbereitung der Extraktion
- Fixierung des Materials und Bestimmung der Analyseeinheit
- Zusammenstellung des theoriegeleiteten Kategoriensystems

Extraktion
- Formulierung von Extraktionsregeln
- Materialdurchlauf; Interpretation und Extraktion der Informationen zu den Kategorien
- ggfs. Veränderung existierender bzw. Konstruktion neuer Kategorien

Aufbereitung
- Paraphrasierung des extrahierten Materials
- Zusammenfassung zu einer Unterkategorie
- Zusammenfassung zu einer Hauptkategorie

Auswertung
- Analyse der Hauptkategorien
- Erstellung eines Kompetenzprofils

Quelle: in Anlehnung an Gläser/Laudel (2010) und Mayring (2015)

Im ersten Schritt wird das auszuwertende Material bestimmt, wobei alle Texte gleichrangig zu behandeln sind (Gläser/Laudel 2010). Als auszuwertendes Datenmaterial wurden daher alle abgetippten Fragebögen der nationalen und internationalen Studierenden, die Transkriptionen der drei Experteninterviews und die Protokolle der drei teilnehmenden Beobachtungen inklusive der Aufzeichnungen zu den Sitzordnungen festgelegt.

Die Analyseeinheiten beziehen sich auf Textabschnitte, die eine Sinneinheit ergeben (Gläser/Laudel 2010). Im Falle der Fragebögen der Studierenden stellte eine Stufe der Werteleiter eine Analyseeinheit dar. Bei den Experteninterviews wurde als Analyseeinheit der Antworttext auf eine Frage verstanden. In den Protokollen der teilnehmenden Beobachtungen bezog sich eine Analyseeinheit auf einen Textabschnitt, der eine in sich abgeschlossene Handlung beschreibt.

Anschließend wird das Kategoriensystem erstellt, das auf den theoretischen Vorüberlegungen basiert (Gläser/Laudel 2010). Hierzu wurden die Bewältigungsfaktoren herangezogen, die in Kapitel 4.4 beschrieben wurden. Sie wurden in sprachlich verkürzter Form als Codes in die Auswertungssoftware MAXQDA eingepflegt.

Gläser/Laudel (2010) fordern nach der Datenerhebung nochmals zu einer Überprüfung der theoriegeleiteten Kategorien auf, um das ganze Wissen zu mobilisieren, das im Forschungsprozess angesammelt wurde. Bei Veränderungen oder neu formulierten Kategorien muss jedoch eine Rückkopplung an die Theorie erfolgen, um ein willkürliches Vorgehen anhand von Ahnungen oder Eindrücken zu vermeiden (Gläser/Laudel 2010). Bei den Befragungen der nationalen und internationalen Studierenden wurde häufig gewünscht, die Lehrveranstaltung als Plattform für einen interkulturellen Austausch zu nutzen. Dies geht einher mit der Forderung von Otten/Hertlein/Teekens (2013), kulturelle Vielfalt mithilfe von entsprechenden didaktischen Methoden zu nutzen und dadurch interkulturelle Lernprozesse anzustoßen. Aus diesem Grund wurde diese Anforderung zusätzlich in das Kategoriensystem aufgenommen. Weiterhin wurde in den Experteninterviews von allen Dozentinnen die Bedeutung des Erfahrungsaspekts betont, der nach Krumm/Mertin/Dries (2012) erst ein kompetentes Handeln in komplexen Situationen ermöglicht. Diese Anforderung fand daher ebenfalls Eingang in das Kategoriensystem.

Für den zweiten Schritt, die Extraktion, müssen nach Gläser/Laudel (2010) zunächst Extraktionsregeln erstellt werden, die einerseits allgemeine Forderungen zum Verhalten bei der Extraktion beinhalten. Andererseits leiten sie die Interpretationsentscheidungen beim Extrahieren des Textes an und machen dadurch den Prozess für Dritte transparent (Gläser/Laudel 2010). Für die intersubjektive Nachvollziehbarkeit beziehen sich beispielsweise die Extraktionsregeln für die vorliegende Arbeit auch auf die Darstellung von Veränderungen und Neuaufnahmen von Kategorien (siehe Anhang 4). Das Kategoriensystem selbst dient dann als Raster, das die Suche nach relevanten Textstellen leitet (Gläser/Laudel 2010). Diese Textstellen wurden mithilfe der Codes in MAXQDA indiziert.

Der dritte Schritt, die Aufbereitung, dient zur Verbesserung der Datenqualität (Gläser/Laudel 2010). Ich habe mich dabei an das Vorgehen von Leenen/Stumpf/Scheitza (2014) bei ihrer Erstellung eines Kompetenzprofils für Polizisten angelehnt. Die extrahierten Textstellen wurden dazu aus MAXQDA in eine Excel-Tabelle exportiert und zunächst anhand einer einheitlichen Subjekt-Prädikat-

Objekt Struktur paraphrasiert. Danach wurden Faktoren formuliert, die zur Bewältigung der beschriebenen Situation als notwendig erachtet wurden. Aus den Bewältigungsfaktoren wurden letztendlich Anforderungsmerkmale abgeleitet. Während dieses Vorgangs wurden Gläser/Laudel (2010) folgend offensichtliche Fehler korrigiert und anschließend bedeutungsgleiche Informationen zu einer Unterkategorie zusammengefasst. In einem letzten Schritt wurde überprüft, ob Unterkategorien noch zu einer Hauptkategorie zusammengefasst werden konnten. Abbildung 9 zeigt beispielhaft dieses Vorgehen:

Abbildung 9: Vorgehen bei der Datenaufbereitung der Experteninterviews und teilnehmenden Beobachtungen

Dokument	Code	Textstelle von-bis		Wortlaut	Paraphrase	Bewältigungsfaktoren	Anforderungsmerkmale	Unterkategorie	Hauptkategorie
Transkript EI D3	Bereitschaft englischsprachige LVs zu halten	5	5	dass viel auf Englisch laufen müsste. Dazu war ich auch immer bereit	Dozentin zeigt Bereitschaft, englischsprachige Lehrveranstaltungen zu halten	sich überwinden, in einer Fremdsprache zu unterrichten	Gute Englischkenntnisse inkl. Fachterminologie	(fachspezifische) Englischkenntnisse	Kommunikationsfähigkeit in ELF-Settings
Transkript EI D1	niedriger Perfektionsanspruch	21	21	Wobei ich auch nicht den Anspruch habe, fehlerfreie Präsentationsfolien zu haben. Das habe ich aufgegeben. Das habe ich auch nicht.	Dozentin hat nicht den Anspruch, fehlerfreie Präsentationsfolien zu erstellen	Erwartungen an perfektes Englisch herunterschrauben	Kenntnis über Merkmale von ELF-Settings	ELF-spezifische Kommunikationsfähigkeit	

Quelle: in Anlehnung an Leenen/Stumpf/Scheitza (2014)

Für jeden Aggregationsschritt wurde ein neues Tabellenblatt verwendet, um die intersubjektive Nachvollziehbarkeit zu gewährleisten (Gläser/Laudel 2010).

Die Auswertung der Fragebögen der Studierenden gestaltete sich differenzierter: Die Werteleitern waren bereits in Tabellenform in MS Word vorhanden, so dass dort nur noch jeweils zwei Spalten hinzugefügt werden mussten, um die Aussagen jeder Teilnehmerin zu aggregieren. Wie Abbildung 10 zeigt, wurden außerdem die vier Stufen der Werteleiter zu drei Stufen zusammengefasst, um später bei der graphischen Darstellung anhand der sogenannten Hierarchical Value Map die Erwartungen in Verbindung mit den daraus folgenden Konsequenzen und den zugrunde liegenden Werten abbilden zu können.

Abbildung 10: Vorgehen bei der Datenaufbereitung der Fragebögen der Studierenden

	Wortlaut	Übersetzung & 1. Aggregationsschritt	Hauptkategorien
I would like the German fellow students to be... or to act...	I would like them to help me, giving information about classes.	Hilfsbereitschaft	Zugewandtheit
... that is important to me because...	It's very important to me to mix with german students	Austausch	Interkultureller Austausch
... and that is important to me because...	I'm in Germany to study a different culture too.	Deutsche Kultur kennenlernen	Stimulation
... and that is important to me because...	I'm curius, and knowing many cultures would be useful for my job.		

Quelle: eigene Darstellung

Im vierten und letzten Schritt werden die Daten in Zusammenhang mit der Forschungsfrage gebracht, um diese zu beantworten (Gläser/Laudel 2010). Im vorliegenden Fall wird hierfür in Kapitel 6 ein Kompetenzprofil erstellt, das die Kompetenzen in Cluster einteilt und mit den entsprechenden Verhaltensweisen beschreibt.

5.2.2 Erwartungen der internationalen Studierenden

Die Datenerhebungsmethode der Leitertechnik basiert auf dem Motivationsansatz. Dieser geht nach Krumm/Mertin/Dries (2012) davon aus, dass Motive innere Kräfte darstellen, die ein Individuum zur Erreichung bestimmter Ziele antreiben. Zum Motivationsansatz werden auch Werte gezählt (Krumm/Mertin/Dries 2012), die nach Schwartz (1992) Prinzipien darstellen, die das Verhalten von Menschen leiten. In der interkulturellen Kommunikation wird häufig auf Schwartz (1992) referenziert, da seine Wertetheorie zehn über alle Kulturen hinweg gültige Werte umfasst. Diese Wertetheorie wurde daher auch zur Auswertung der Fragebögen herangezogen. Schwartz et al. (2012) haben zwar zwischenzeitlich die zehn Werte auf 19 erweitert, allerdings wurden dabei sechs Werte lediglich weiter ausdifferenziert. Da die erhobenen Daten bereits eine gewisse Heterogenität aufwiesen, wäre eine ausdifferenzierte Wertebezeichnung für die Clusterbildung kontraproduktiv gewesen, weshalb ich auf die ursprünglichen zehn Basiswerte zurückgriff.

Die Ergebnisse der Werteleitern werden im Folgenden graphisch anhand von Hierarchical Value Maps dargestellt. Wie aus Abbildung 11 hervorgeht, werden auf der linken Seite jeweils die aggregierten Erwartungen aufgeführt. Durch die Erfüllung dieser Erwartungen ergeben sich die in der Mitte dargestellten Konsequenzen. Auf der rechten Seite stehen die Werte, auf denen die Erwartungen basieren. Die Verbindungen zwischen den einzelnen Feldern werden durch Pfeile angezeigt, deren unterschiedliche Stärke die Anzahl der Nennungen symbolisiert. Die Größe der Felder stellt ebenfalls schematisch die Bedeutung der einzelnen Kategorien aufgrund der Anzahl der Nennungen dar.

Abbildung 11: Erwartungen der internationalen Studierenden an die Dozentinnen

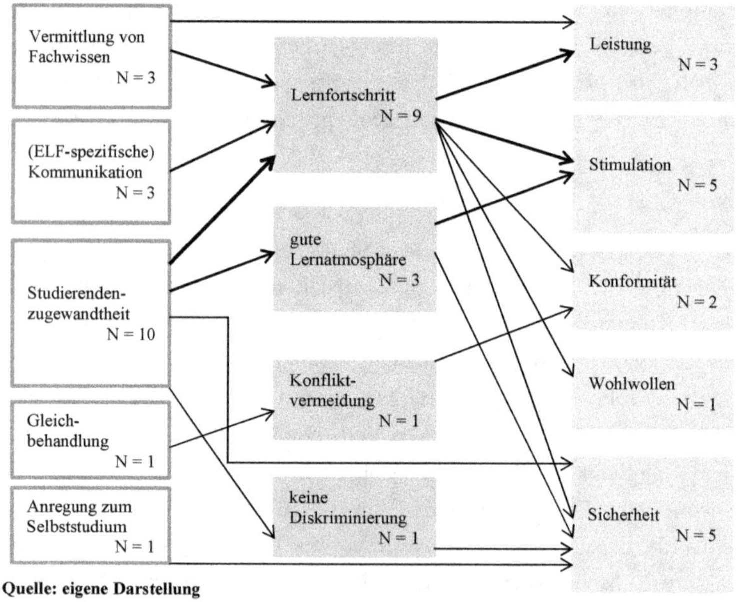

Quelle: eigene Darstellung

Drei internationalen Studierenden (iS1:6; iS6:156; iS12:319) ist die Vermittlung von Fachwissen wichtig, durch die sie sich einen Lernfortschritt bzw. die Erreichung von selbstgesteckten Zielen, und damit Leistung, erhoffen.

Des Weiteren werden Erwartungen an die (ELF-spezifische) Kommunikationsfähigkeit der Dozentin gestellt. Die Kommunikation soll klar (iS2:35) und verständlich (iS4:103) sein. Außerdem erwartet iS9 (255), dass die Lehrperson ihre Kommunikation im Englischen an die Bedürfnisse der Studierenden anpasst.

Unter dem Begriff der Studierendenzugewandtheit werden die Attribute höflich (iS2:37), respektvoll (iS6:156), geduldig (iS8:213), hilfsbereit (iS12:318), empathisch (iS11:296), offen (iS8:207) und inspirierend (iS3:67) subsumiert. Ferner soll die Dozentin Sorge tragen, dass die internationalen Studierenden den Vorlesungen folgen können (iS4:105).

Die Gleichbehandlung durch die Hochschullehrerinnen ist iS3 (75) sehr wichtig, um Konflikte mit den Kommilitonen zu vermeiden.

Ferner wünscht sich iS5 (130), dass die Dozentin Literaturempfehlungen ausspricht, damit ein tiefergehendes Verständnis für den Lehrstoff und damit verbunden ein Gefühl der Sicherheit zustande kommen kann.

Durch dieses Verhalten der Hochschullehrerinnen erhoffen sich die internationalen Studierenden eine angenehme Lernatmosphäre und einen Lernfortschritt. Zum Lernfortschritt zählt ein besseres bzw. leichteres Verständnis des Lehrstoffs. Diese Kategorie wird neunmal aufgeführt und stellt damit einen bedeutenden Faktor dar. Zuletzt soll das Verhalten der Dozentin noch dazu führen, dass iS8 (207) sich nicht diskriminiert fühlt.

Bei den zugrundeliegenden Werten wird Leistung dreimal aufgeführt, zu der Schwartz (1992) den Erfolg zählt. In der vorliegenden Studie wurde dazu auch der Prüfungserfolg gezählt, der für einige Studierende von Bedeutung ist, wie aus folgender Aussage hervorgeht:

> *Because this way I can get good grades and also personal learning (iS1:6).*

Unter dem Wert der Stimulation fast Schwartz (1992) Abwechslung und Herausforderung zusammen. Im Falle der Studierenden bezieht sich diese Kategorie auf das Lernen von neuen Inhalten und das Austesten eigener Grenzen:

> *Going to study abroad is a way I want to use to test myself and to learn different cultures (iS12:318).*

Unter Konformität wird die Anpassung an bestehende Verhältnisse verstanden (Schwartz 1992). So möchte beispielsweise iS8 (213) hart an sich arbeiten, um den Vorlesungen an der DHBW Ravensburg folgen zu können.

Der Wert des Wohlwollens bezieht sich auf das Wohlergehen der Menschen im unmittelbaren Umfeld (Schwartz 1992), wie es sich bei iS3 (67) durch den Wunsch nach einem guten Verhältnis zwischen Studierenden und Dozentin ausdrückt.

Zuletzt können die Erwartungen der Studierenden dem Wert der Sicherheit fünfmal zugeordnet werden. Unter diesem Wert wird neben Sicherheit auch Harmonie und Stabilität in der Gesellschaft verstanden (Schwartz 1992). Obwohl Sicherheit in der Wertetaxonomie von Schwartz (1992) diametral dem Wert der Stimulation gegenüber steht, ist es nachvollziehbar, dass den internationalen Studierenden Sicherheit genauso wichtig ist wie Stimulation. Sie befanden sich – speziell zum Befragungszeitpunkt – in einer für sie neuen und damit fremden Umgebung. Aus diesem Grund stellt sich an die Dozentinnen die Anforderung, v.a. zu Beginn des Semesters, den internationalen Studierenden ein Gefühl der Sicherheit zu vermitteln, wie es iS11 exemplarisch formuliert:

(...) then I feel more like a home and I think that I'm welcome here (iS11:296).

Bei den Erwartungen der internationalen Studierenden an die nationalen Studierenden zeigt sich ein sehr homogenes Bild, wie aus Abbildung 12 hervorgeht.

Abbildung 12: Erwartungen der internationalen Studierenden an die nationalen Studierenden

Zugewandtheit N = 15
(kultureller) Wissenstransfer N = 2
Gleichbehandlung N = 1

Lernfortschritt N = 1
Gefühl des Willkommenseins N = 4
Interkultureller Austausch N = 8

Leistung N = 1
Wohlwollen N = 1
Stimulation N = 6
Sicherheit N = 5
Konformität N = 3

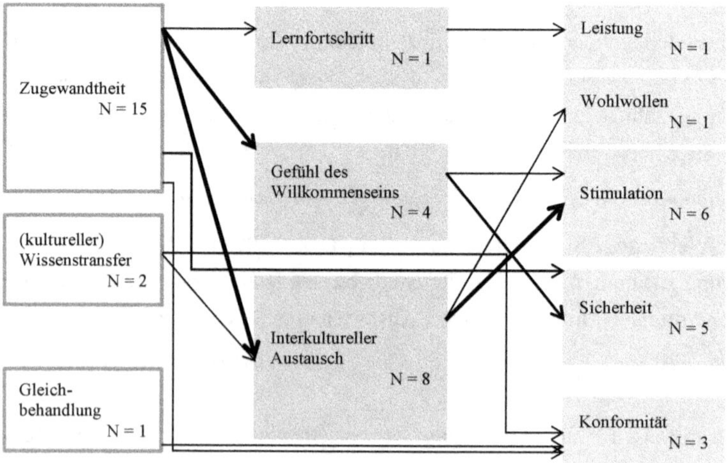

Quelle: eigene Darstellung

Die Zugewandtheit umfasst ähnliche Attribute wie zuvor bei den Erwartungen an die Dozentinnen. Darüber hinaus hofft aber iS5 (135) auch, dass die Studierenden gemeinsame Aktivitäten außerhalb der Hochschule unternehmen. Die Zugewandtheit ist die mit 15 Ladungen am häufigsten genannte Kategorie, durch die ein Lernfortschritt und ein Gefühl des Willkommenseins entstehen sollen. Zusammen mit dem kulturellen Wissenstransfer erhoffen sich die internationalen Studierenden außerdem einen interkulturellen Austausch, durch den sie die deutsche Sprache und kulturelle Besonderheiten erlernen, wie es iS3 (78) beispielsweise formuliert:

> *I would learn germany and their costums and at least for me it would be better if I learned from german students.*

Dies deckt sich mit den Ergebnissen von Möllerwessels Studie (2015) an der TU Chemnitz, nach der das Kennenlernen einer anderen Kultur eines der vorrangigen Ziele des Auslandsstudiums der befragten ERASMUS-Studierenden war.

Zwei Studierende sehen den interkulturellen Austausch aber auch als Möglichkeit für die nationalen Studierenden an, von den internationalen Studierenden zu lernen (iS2:44; iS3:78).

Analog zu den Erwartungen an die Dozentin wünscht sich eine Studierende eine Gleichbehandlung durch die Kommilitoninnen, da sie sich der Gemeinschaft anpassen möchte (iS12:324).

Die zugrunde liegenden Werte ähneln sehr stark den bereits oben aufgeführten Werten. Auch hier ist den internationalen Studierenden der Erfolg (Leistung), das Verständnis für den jeweils Anderen (Wohlwollen), das Kennenlernen einer neuen Kultur (Stimulation), ein leichteres Eingewöhnen in einem neuen Umfeld (Sicherheit) und die Integration in die Gemeinschaft (Konformität) wichtig.

Zuletzt zeigt Abbildung 13 die Erwartungen der internationalen Studierenden an die Ausgestaltung der Lehrveranstaltungen. Die Erwartungen wurden dabei in die Kategorien kulturspezifische Inhalte, gute Lernatmosphäre, Anforderungen an die Studierenden, Methodik und Kommunikation eingeteilt.

Abbildung 13: Erwartungen der internationalen Studierenden an die Lehrveranstaltungen

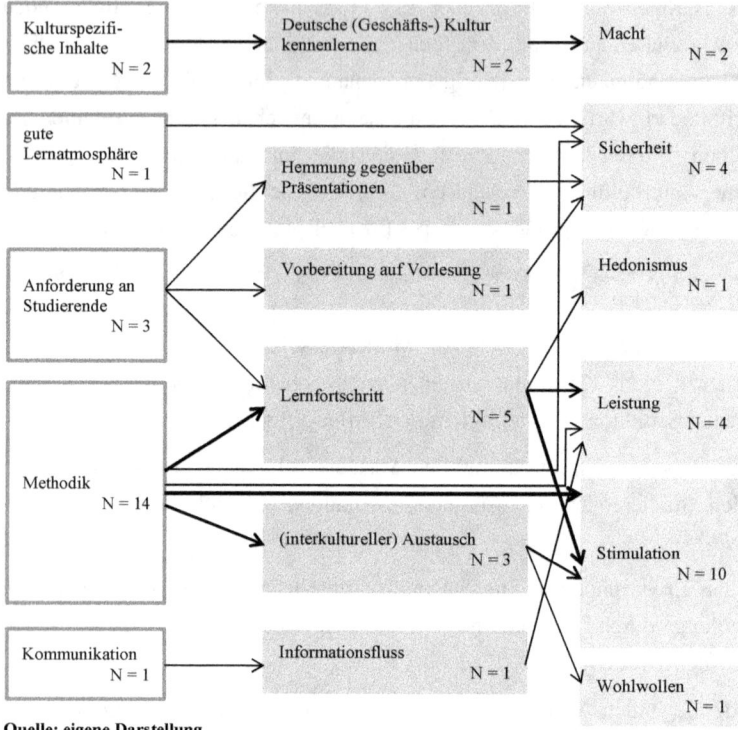

Quelle: eigene Darstellung

Durch kulturspezifische Inhalte möchte speziell iS6 (163) einen Wettbewerbsvorteil gegenüber seinen Landsleuten erwerben:

> *keep me informed about current situations in Germany with relation to business. → This will help me gain a bit of understanding of the way German business culture works. → This will give me competitive edge and core competency when I return to my home country. → It will mean that I may know some things that other people in my home country don't know about German business.*

Dieser Erwartungshaltung kann der Machtwert zugeordnet werden, der sich nach Schwartz (1992) durch Kontrolle und Dominanz über Menschen und Ressourcen ausdrückt.

Eine gute Lernatmosphäre ist für iS11 (310) ein Garant für ein Gefühl der Sicherheit.

Die Anforderungen an die Studierenden beziehen sich darauf, wenig Präsentationen halten zu müssen (iS8:230), weniger Selbststudium zu verlangen (iS12:334) und gleichzeitig Zusatzmaterial als Vorbereitung auf die nächste Vorlesung auszuteilen (iS7:185). Der letzte Punkt entspricht der Empfehlung von Li/Jia (2006), wobei sich deren Studie auf asiatische Studierende bezog und im vorliegenden Fall der Wunsch nach Zusatzmaterialien von einem südafrikanischen Studenten geäußert wurde. Dies lässt den Schluss zu, dass Material zur Vorbereitung auf den nächsten Vorlesungstermin generell ein wirksames Instrument einer diversitätsgerechten Lehre sein kann.

Die Methodik ist die bedeutendste Kategorie und subsumiert die Erwartungen, interaktive Methoden einzusetzen (iS8:225; iS9:266), einen Theorie-Praxis-Bezug herzustellen (iS5:151), strukturiert vorzugehen (iS4:119) und einen neuen Lehrstil kennenzulernen (iS1:24; iS5:148; iS12:332). Interessant ist zu sehen, dass die interaktiven Methoden explizit von den südkoreanischen Probandinnen gewünscht werden. Dies deckt sich mit den Aussagen der Interviewpartner in Marlinas (2009) Befragung, wonach sich asiatische Studierende diese Methoden wünschen, um in Kontakt mit den Dozentinnen und Kommilitoninnen zu kommen. Eine Studierende grenzt die interaktiven Methoden allerdings auf Kleingruppenarbeiten ein, weil sie sich damit sicherer fühlt (iS8:225). Das entspricht wiederum den Ergebnissen von Li/Jia (2006), wonach Plenumsdiskussionen aufgrund eines möglichen Gesichtsverlusts eher ungeeignet für asiatische Studierende sind.

Für iS6 (173) ist außerdem die Kommunikation in den Lehrveranstaltungen wichtig, um durch einen funktionierenden Informationsfluss Leistung erbringen zu können.

Die zentrale Aussage der Erwartungen an die Lehrveranstaltungen ist der Wunsch, einen Lehrstil kennenzulernen, der sich von dem des Heimatlandes unterscheidet, wie der Werteleiter von iS1 (24) zu entnehmen ist:

> *Different (than in my country)* → *So I can learn a different way of teaching.* → *So I can decide which one is better (for me)* → *So I can look for this kind of "teaching" in my country, and also apply it.*

Bei den zugrundeliegenden Werten ist der Hedonismus neu hinzugekommen, durch den sich der Wunsch ausdrückt, die Lehrveranstaltungen genießen zu können (iS10:274).

5.2.3 Erwartungen der nationalen Studierenden

Bei den Erwartungen der nationalen Studierenden an die Dozentinnen werden, wie bei den internationalen Studierenden auch, die Vermittlung von Fachwissen, Anforderungen an die Kommunikationsfähigkeit, Studierendenzugewandtheit und Gleichbehandlung aufgeführt, wie aus Abbildung 14 hervorgeht:

Abbildung 14: Erwartungen der nationalen Studierenden an die Dozentinnen

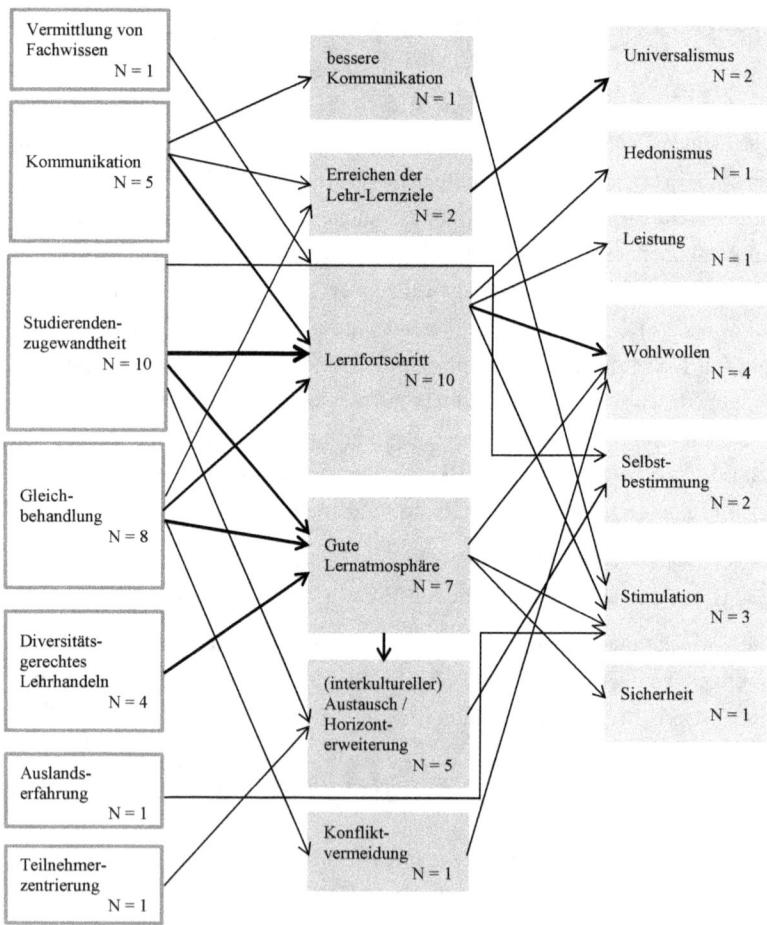

Quelle: eigene Darstellung

Allerdings nimmt die Gleichbehandlung mit acht Ladungen einen höheren Stellenwert als zuvor ein. Sie mündet in den Universalismus, der sich auf das Wohlergehen aller Menschen bezieht und damit umfassender ist als das oben genannte Wohlwollen (Schwartz 1992). So ist es nS13 (347) wichtig, dass die Dozentin

> *die Gaststudenten bzw. allgemein niemanden bevorzugt.* → *alle sollten die gleichen Chancen und Möglichkeiten haben.*

Gleichzeitig erwarten aber auch einige nationale Studierende ein diversitätsgerechtes Lehrhandeln, denn der

> *Dozent sollte unvoreingenommen sein und auf ausländische u. deutsche Studenten gleichermaßen eingehen (nS7:162).*

Diesen Studierenden ist eine gute Lernatmosphäre für alle wichtig. Einige der nationalen Studierenden nahmen beim Ausfüllen der Werteleiter einen Perspektivwechsel vor, indem sie nicht mehr aus der Ich-Perspektive, sondern aus Sicht der internationalen Studierenden die Argumentation ihrer Erwartungen formulierten. Für nS9 (240) soll beispielsweise die Studierendenzugewandtheit der Lehrpersonen zu einem Lernfortschritt bei den internationalen Kommilitoninnen führen:

> *Verständnis gegenüber Missverständnissen der Gaststudierenden* → *sie in einem fremden Land sind und die Sprache schwer ist* → *sie (evtl.) andere Lernmethoden kenn als wir*

Als neue Kategorie kam die Auslandserfahrung hinzu, die sich nS8 (204) bei den Dozentinnen wünscht, damit diese ihre Erfahrungswerte an die Studierenden weitergeben können.

Die Teilnehmerzentrierung - dem Verständnis von Reinmann/Jenert (2011) nach - wird von nS14 (384) gewünscht. Danach soll die Hochschullehrerin Themenwünsche der Studierenden aufnehmen, damit diese sich besser in die Lehrveranstaltungen einbringen können und dadurch ein interkultureller Austausch entsteht.

Zwei nationalen Studierenden (nS13:347; nS17:475) ist das Erreichen der Lehr-Lernziele wichtig. Sie haben die Befürchtung, dass durch die Anwesenheit der internationalen Studierenden der Kurs im Vorankommen des Lehrstoffs aufgehalten werden könnte. Dies geht einher mit Ergebnissen der Studie von Straub/Schirmer (2010), in der teils Vorbehalte der nationalen Studierenden gegenüber ihren internationalen Kommilitoninnen zu erkennen waren. So machten sie z.B. die Studierenden aus dem Ausland für schlechtere Lernbedingungen verantwortlich (Straub/Schirmer 2010).

Während bei den Konsequenzen der Lernfortschritt mit zehn und die gute Lernatmosphäre mit sieben Ladungen die wichtigsten Kategorien darstellen, zeigen die zugrundeliegenden Werte eine breite Streuung auf. Neben dem bereits oben aufgeführten Universalismus kam außerdem noch neu die Selbstbestimmung hinzu, bei der das selbstbestimmte Denken und Handeln sowie die Kreativität im Vordergrund stehen (Schwartz 1992). Eine Studierende wünscht sich beispielsweise durch die Einbeziehung der Perspektiven aller Studierenden eine größere Ideenvielfalt und Kreativität, was ihrer Meinung nach zu einem weitsichtigen Denken und Handeln führt (nS19:529).

In Abbildung 15 sind die Erwartungen der nationalen Studierenden an die internationalen Kommilitoninnen graphisch dargestellt. Von zentraler Bedeutung ist dabei die Zugewandtheit, die zu einem (interkulturellen) Austausch führen soll:

Abbildung 15: Erwartungen der nationalen Studierenden an die internationalen Studierenden

Anpassungsfähig N = 1	Erreichen der Lehr-Lernziele N = 2	Konformität N = 4
Unterstützung einfordern N = 2	Lernfortschritt N = 1	Wohlwollen N = 1
Gleichaltrig N = 1	Integration / Teambuilding N = 3	Universalismus N = 1
Zugewandtheit N = 19	(interkultureller) Austausch N = 18	Stimulation N = 9
Beteiligung an Lehrveranstaltung N = 3	Spaß N = 1	Hedonismus N = 2
Heimat repräsentieren N = 3	Konfliktvermeidung N = 2	Leistung N = 1
Deutschlandkenntnisse besitzen N = 1		

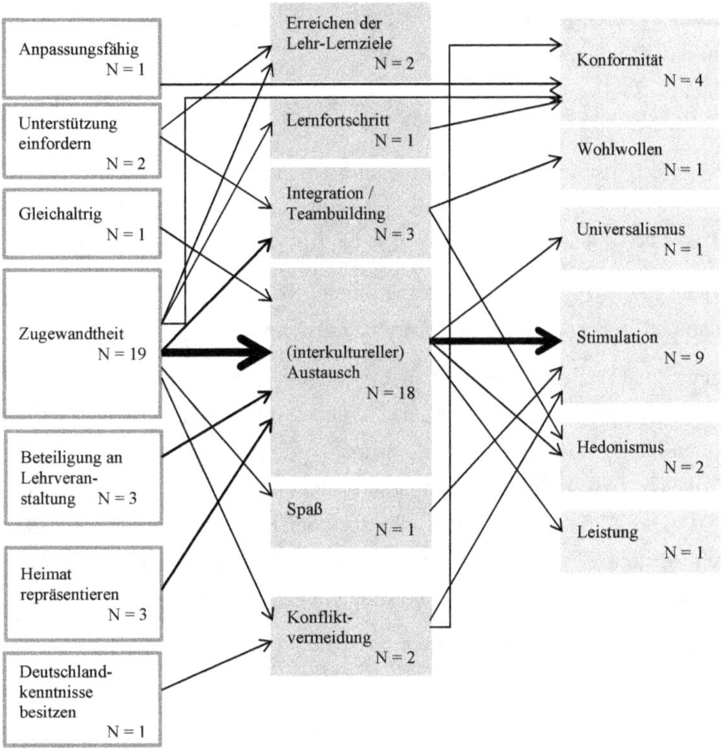

Quelle: eigene Darstellung

Gleichzeitig fordern die nationalen Studierenden eine Anpassungsfähigkeit der internationalen Kommilitoninnen ein (nS15:437) und möchten, dass diese sich im Bedarfsfall aktiv Unterstützung einholen (nS9:246; nS13:356), damit eine bessere Integration gelingen kann bzw. der Kurs am Erreichen der Lehr-Lernziele nicht gehindert wird.

Zu einem besseren Austausch führt nach Meinung von nS18 (504) auch eine homogene Altersstruktur, damit die Interessen aller ähnlich gelagert sind.

Ferner wird erwartet, dass die internationalen Studierenden sich aktiv an den Lehrveranstaltungen beteiligen und ihre Perspektiven einbringen. Stellvertretend sei hier die Formulierung von nS12 (337) aufgeführt:

engagiert & aktiv → eine Zusammenarbeit effektiver ist → Man nur so wirklich etwas über die andere Kultur / Einstellung erfahren kann.

Der interkulturelle Austausch wird auch gefördert, indem die internationalen Studierenden ihre Heimat und ihre Kultur durch ein authentisches Verhalten (nS14:393; nS19:533) und landeskundliche Berichte (nS21:583) repräsentieren.

Zuletzt erwartet nS11 (310), dass die internationalen Kommilitoninnen Kenntnisse über Deutschland besitzen, damit keine Vorurteile entstehen.

Ging es einigen Studierenden zuvor bei den Erwartungen an die Dozentin auch um die Belange der Studierenden aus dem Ausland, stehen bei den Erwartungen an die Kommilitoninnen häufig auch Eigeninteressen im Vordergrund. Beleg dafür ist die Konformität, die die Erwartung nach Anpassung an und Respekt gegenüber dem Kurs ausdrückt. Des Weiteren möchten die nationalen Studierenden durch den interkulturellen Austausch selbst neue Kulturen kennenlernen, was letztendlich in einer Stimulation mündet, wie es nS3 (64) beispielhaft ausdrückt:

nett und offen → damit man neue Kontakte knüpfen kann & eventuell so auch etwas über die Kultur lernen kann → ich es immer interessant finde neue Leute kennen zu lernen.

Die letzte Hierarchical Value Map verdeutlicht die Erwartungen der nationalen Studierenden an die Lehrveranstaltungen. Wie aus Abbildung 16 hervorgeht, nimmt dabei die Methodik mit 23 Nennungen die zentrale Rolle ein. Zu dieser Kategorie zählt der Einsatz interaktiver Methoden wie Gruppenarbeiten (nS7:184) und Diskussionen (nS20:559), der Theorie-Praxis-Transfer (nS1:22), eine abwechslungsreiche Gestaltung durch unterschiedliche Medien (nS17:488) und eine klare Strukturierung (nS15:440). Ferner wird aber auch gewünscht, dass der übliche Lehrstil beibehalten wird, damit die Studierenden aus dem Ausland diesen kennenlernen können (nS2:49).

Abbildung 16: Erwartungen der nationalen Studierenden an die Lehrveranstaltungen

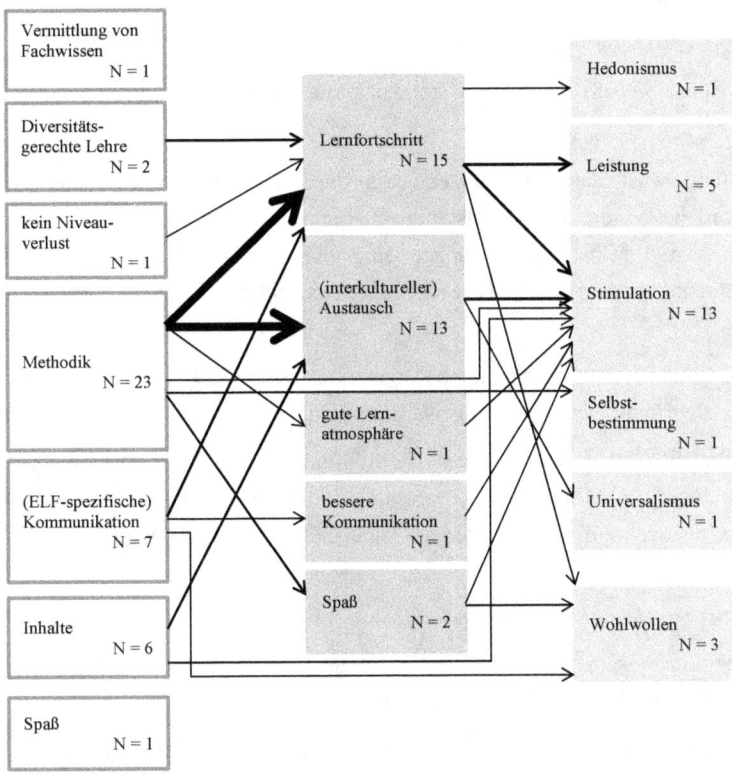

Quelle: eigene Darstellung

Durch diese Art der Methodik erhoffen sich die nationalen Studierenden einen Lernfortschritt und Austausch mit den internationalen Studierenden. Der Austausch kann sich dabei auch wiederum auf kulturelle Gegebenheiten beziehen, da unter der Kategorie der Inhalte kulturspezifische (nS10:282; nS11:304) und internationale Themen (nS20:569) gewünscht werden. Hinzu kommt noch die Erwartung, weniger Theorieinput einzubauen, damit mehr Zeit für den Austausch bleibt (nS18:514).

Anhand der diversitätsgerechten Lehre und der (ELF-spezifischen) Kommunikation erwarten die nationalen Studierenden aber auch wieder eine Rücksichtnahme auf die

Kommilitoninnen aus dem Ausland. Beispielsweise möchte nS5 (107), dass die Lehrveranstaltungen

dem Niveau eines jeden Studenten angepasst sind.

Gleichzeitig ist es nS3 (68) aber auch wichtig, dass die Lehrveranstaltungen

trotzdem nicht an Niveau verlieren.

Diese Erwartung wird damit begründet, dass die internationalen Studierenden gewisse Ansprüche an die Lehrveranstaltungen hätten. Man könnte jedoch auch annehmen, dass nS3 selbst Befürchtungen eines Niveauverlusts hegt und diese kaschieren möchte, indem sie aus Sicht der ausländischen Kommilitoninnen argumentiert.

Die Vermittlung von Fachwissen und Spaß wird von nS14 (399) aufgeführt, ohne jedoch weitere Begründungen für diese Erwartungshaltung zu liefern.

Bei den zugrundeliegenden Werten stehen die Stimulation mit 13 und die Leistung mit fünf Nennungen im Mittelpunkt. Die Stimulation bezieht sich sowohl auf das eigene Lernen, als auch auf das der internationalen Studierenden. So ist es nS2 (49) wichtig, dass

die Gaststudenten hier Abwechslung zu ihrer Heimat bekommen sollen.

Der Wert der Leistung bezieht sich wiederum auf den eigenen Prüfungserfolg (nS1:18; nS5:104) und das spätere Berufsleben (nS15:440).

Zusammenfassend ist festzuhalten, dass die nationalen Studierenden eine gewisse Offenheit gegenüber den internationalen Studierenden haben und die Lehrveranstaltungen als Plattform für einen interkulturellen Austausch nutzen möchten. Inwieweit dies von den Dozentinnen ebenso wahrgenommen bzw. auch durchgeführt wird, zeigt die Auswertung der Experteninterviews.

5.2.4 Aussagen der Dozentinnen

In den Transkriptionen der Experteninterviews wurden 154 Textstellen markiert und ausgewertet. Dreimal wurde von den Dozentinnen der Stellenwert von Erfahrungen betont, die sie bereits in interkulturellen Lernsettings gesammelt hatten. Dies unterstreicht den von Krumm/Mertin/Dries (2012) aufgezeigten Erfahrungsaspekt von Kompetenzen. Darüber hinaus zeigte sich, dass an der DHBW Ravensburg gewisse strukturelle Rahmenbedingungen optimiert werden sollten, um den Dozentinnen einen Kontext zu bieten, der ihnen eine Konzentration auf die Lehre erlaubt. Diese Optimierungspotenziale werden in Kapitel 6.2 als Handlungsempfehlungen formuliert.

Die verbleibenden 134 Textpassagen wurden zu 12 Hauptkategorien aggregiert (siehe Anhänge 5-7), die in Abbildung 17 nach der Häufigkeit ihrer Ladung sortiert dargestellt sind:

Abbildung 17: Hauptkategorien und ihre Ladung als Ergebnis der Experteninterviews

Rang	Hauptkategorie	Ladung
1	Diversitätsgerechtes Lehrhandeln	58
2	Konfliktmanagement	19
3	Kommunikationsfähigkeit in ELF-Settings	13
4	Entscheidungs- und Handlungsfähigkeit	11
5	Selbstreflexion	8
6	Zeitmanagement Frustrationstoleranz	je 6
8	Metakommunikation	5
9	Positive Grundeinstellung	3
10	Fähigkeit zur Stressbewältigung Lernbereitschaft	je 2
12	Fachwissen	1

Quelle: eigene Darstellung

Die Hauptkategorie des diversitätsgerechten Lehrhandelns ist die mit Abstand wichtigste Kategorie. Sie setzt sich aus den drei Unterkategorien didaktische DHBW-spezifische Methodenkenntnis, diversitätsgerechte DHBW-spezifische Lehre und Kultursensibilität zusammen.

Im Sinne des Lernens dritter Ordnung nach Otten/Hertlein/Teekens (2013) zeigt sich, dass die Dozentinnen die interkulturellen Lernsettings als Bereicherung empfinden und die unterschiedlichen Perspektiven innerhalb der multikulturellen Studierendengruppen durch geeignete didaktische Methoden nutzen möchten. So geht D1 beispielsweise bewusst in den Dialog mit den internationalen Studierenden:

Ich versuche natürlich das Thema auch aktiv anzusprechen und zu sagen: „Na ja, jetzt haben wir die Gelegenheit hier, dass wir eben auch andere Meinungen hören." Ich frage die auch ganz bewusst dann ab (EI D1:28).

Daneben ist ein didaktisches Methodenwissen notwendig, um mit heterogenen Wissensständen umgehen zu können, die sich durch die gemischten Studierendengruppen ergeben (EI D3:27). Die nationalen Studierenden werden von zwei Dozentinnen als generell offen für interkulturelle Begegnungen wahrgenommen (EI D1:36; EI D3:25), was die Ergebnisse der Befragungen der Studierenden stützt. Diese Aufgeschlossenheit kann durch einen geeigneten didaktischen Methodeneinsatz für einen interkulturellen Austausch genutzt werden. Die DHBW-spezifischen Lehrmethoden setzen sich aus dem verstärkten Theorie-Praxis-Transfer bzw. dem Abfragen von Beispielen (EI D3:27 und 35) zusammen, durch die sich der geforderte Anwendungsbezug realisieren lässt.

Zur diversitätsgerechten DHBW-spezifischen Lehre zählen die Aufbereitung und der Einsatz überregionaler Beispiele, um auch den internationalen Studierenden im Sinne der konstruktivistischen Lerntheorie Anknüpfungspunkte bieten zu können (EI D2:33). Ferner spielt die Diversität eine Rolle bei der flexiblen Anwendung und Ausgestaltung von Prüfungsformen (EI D1:27) sowie den Bewertungsmaßstäben. So reduziert D3 den Stoff bei englischsprachigen Klausuren (EI D3:33), und D2 berücksichtigt bei der Benotung die Kommunikationsprobleme der internationalen Studierenden in der englischen Sprache:

> *Weil die meisten unserer Internationalen sind ja keine englischen Muttersprachler. Und die haben zum Teil schon auch ganz schön mit Englisch zu kämpfen. Also, manchmal mehr wie unsere deutschen Studierenden. Das merkt man dann natürlich in den Klausuren oder in solchen Präsentationen auch, klar. Aber das muss man natürlich auch irgendwo mit berücksichtigen bei der Bewertung (EI D2:41).*

Durch den Umgang mit Studierenden mit unterschiedlichen kulturellen Prägungen ist eine Kultursensibilität auf Seiten der Dozentinnen erforderlich. Diese Unterkategorie setzt sich zusammen aus einer kultursensiblen Lehre und dem dafür erforderlichen kulturspezifischen Wissen. So versuchen die Dozentinnen auf kulturell bedingte Verhaltensweisen oder Lernstile der Studierenden einzugehen, wie es D2 exemplarisch formuliert:

> *Deswegen, ich bin da schon auch immer darauf aus, (-) zu versuchen, auf die Besonderheiten der dortigen Lernweisen oder Verhaltensweisen dann mich im gewissen Maß einzulassen (EI D2:57).*

Dies erfordert aber auch eine Kenntnis über die Präferenzen für bestimmte Lernstile (EI D1:41) und über das unterschiedliche Verständnis von „aktiver Teilnahme" (EI

D2:23). Um kultursensibel vorgehen zu können, sind ferner Kenntnisse über andere Kulturen (EI D3:51), kulturell unterschiedliche Vorurteile (EI D1:67; EI D3:47) und ein Verständnis zu kultur- bzw. personenspezifischen Handlungszusammenhängen hilfreich. Mit dem letztgenannten Aspekt können Dozentinnen eine Kulturalisierung vermeiden, wie das Beispiel von D3 zeigt:

> *Und dann gibt es aber natürlich auch immer einige, die zurückhaltender sind, so wie bei den Deutschen auch. Und bei denen man relativ wenig weiß, was von dem, was man jetzt lehrt, auch tatsächlich ankommt. Aber wenn Sie die deutsche Gruppe nehmen, dann haben Sie solche ähnliche Persönlichkeiten auch. Sie haben diejenigen, die Sie immer als Ansprechpartner haben, weil die sich melden und andere, die deutlich zurückhaltender sind (EI D3:27).*

Diese Aussage deckt sich mit den Ergebnissen von Marlinas (2009) Studie, nach der eine aktive bzw. passive Verhaltensweise in Vorlesungen nicht der kulturellen Prägung, sondern den individuellen Präferenzen der Studierenden zuzuschreiben ist.

Konfliktmanagement rangiert mit 19 Ladungen auf Rang zwei in der Liste. Konflikte zwischen den Studierendengruppen treten vor allem wegen der unterschiedlichen Präsenz in den Veranstaltungen auf. Die häufig mit den Reiseaktivitäten der internationalen Studierenden verbundenen Abwesenheiten werden von den nationalen Studierenden als geringe Wertschätzung gegenüber dem Kurs und als potenzielles Risiko eines verlangsamten Vorankommens im Stoff wahrgenommen:

> *Ja, und dann kamen die natürlich nur sporadisch, tagelang gar nicht, dann wieder doch. Also die Teilnahme war extrem sporadisch. Oft kamen die vor der Pause, nach der Pause nicht mehr. Die deutschen Studierenden haben es als ausschließlichen Störfaktor wahrgenommen. Also, da war auch nichts mit interkulturell oder irgendwas (EI D1:59).*

Dass internationale Studierende während des Aufenthalts in Deutschland viel reisen, stellte auch Möllerwessel (2015) in ihrer Studie fest. Aufgrund der Anwesenheitspflicht der nationalen Studierenden birgt dieses Verhalten der internationalen Studierenden an der DHBW jedoch ein erhöhtes Konfliktpotenzial in den Lehrveranstaltungen.

Zur Hauptkategorie des Konfliktmanagements wurden auch die Textstellen hinzugefügt, die die Gleichbehandlung der Studierenden thematisieren. Die Entscheidung für diese Aggregation basiert auf den oben beschriebenen Erwartungshaltungen einiger internationaler und nationaler Studierender, die sich ausdrücklich gegen eine Sonderbehandlung der internationalen Kommilitoninnen aussprechen, um Neid oder Unmut, und damit einhergehend Konflikte, auf Seiten der nationalen Studierenden zu vermeiden. Die Gleichbehandlung aller Studierenden bezieht sich in den Experteninterviews auf einen einheitlichen Erwartungshorizont und Bewertungsmaßstab, den die Dozentinnen in der Lehre und bei den Prüfungen anlegen (EI D2:41; EI D3:23). Allerdings zeigt sich hier bei D2 auch ein gewisser Widerspruch: So möchte sie einerseits bei den Prüfungen das teilweise schlechtere Englischniveau der internationalen Studierenden berücksichtigen, zieht aber gleichzeitig Punkte ab, wenn die Formulierungen im Englischen nicht ganz dem Erwartungshorizont der Dozentin entsprechen (EI D2:41). Auch Otten/Hertlein/Teekens (2013) bezeichnen die diversitätsgerechte Leistungseinschätzung bei gleichzeitiger Gleichbehandlung aller Studierenden als didaktisch schwierigen Balanceakt.

Die dritte Hauptkategorie bezieht sich auf die Kommunikationsfähigkeit in ELF-Settings und setzt sich aus den Unterkategorien fachspezifische Englischkenntnisse und ELF-spezifische Kommunikationsfähigkeit zusammen. Die englischsprachigen Lehrveranstaltungen stellen für die Dozentinnen eine gewisse Hürde dar, da sie das Fachwissen in einer Fremdsprache vermitteln müssen (EI D1:3; EI D2:49). Außerdem helfen Englischkenntnisse auf einem hohen Niveau nach Meinung von D1, den Vorbereitungsaufwand der Lehrveranstaltungen zu reduzieren (EI D1:9). Die ELF-spezifische Kommunikationsfähigkeit setzt sich aus der Kenntnis über die Merkmale von ELF-Settings und der Kommunikationsfähigkeit in konkreten Situationen zusammen. Beispielsweise ist sich D1 bewusst, dass in ELF-Settings Fehler im Englischen durchaus erlaubt sind:

> *Wobei ich auch nicht den Anspruch habe, fehlerfreie Folien zu haben. Das habe ich aufgegeben. Das habe ich auch nicht (EI D1:21).*

Die Kommunikationsfähigkeit äußert sich dahingehend, dass Dozentinnen den Lehrstoff anhand von Synonymen wiederholen (EI D2:43), Englisch effektiv als Lingua franca nutzen müssen, um trotz Sprachbarriere in den Dialog mit den internationalen Studierenden treten zu können (EI D1:42), und Gruppenarbeiten detailliert moderieren (EI D3:23).

Die Entscheidungs- und Handlungsfähigkeit mit elf Ladungen zeigt das Spannungsfeld auf, das die Dozentinnen in Lehrveranstaltungen mit multikulturellen Studierendengruppen empfinden. Sie nehmen einen Zielkonflikt zwischen den formalen Vorgaben aus den Modulbeschreibungen und einem diversitätsgerechten Lehrhandeln wahr. So besteht nach Meinung von D3 die Gefahr, dass bei einer zu stark an den Bedürfnissen der internationalen Studierenden ausgerichteten Lehre die Lehr-Lernziele nicht erreicht werden:

> *Denn dann kann es natürlich auch sein, dass wenn man sich dann zu sehr den ausländischen Studierenden anpasst, dass man dann tatsächlich aufgehalten wird (EI D3:41).*

Die Dozentinnen sind daher gefordert, Entscheidungen zur Lösung des Zielkonflikts zu treffen und ihr Lehrhandeln danach auszurichten. D2 entscheidet sich beispielsweise für den Einsatz interaktiver Methoden, auch wenn ihr bewusst ist, dass sich dann bestimmte Studierende nicht am Vorlesungsgeschehen beteiligen (EI D2:23). Generell lässt sich erkennen, dass die Dozentinnen den Zielkonflikt zugunsten der formalen Vorgaben und damit auch zugunsten der Bedürfnisse der nationalen Studierenden lösen (EI D2:45; EI D3:41). Wenn sich D3 an anderer Stelle positiv darüber äußert, dass die nationalen Studierenden „eine Firma im Rücken" haben (EI D3:27), ist bei der Entscheidung der Dozentinnen für die formalen Vorgaben und damit gegen eine diversitätsgerechte Lehre zu vermuten, dass sie die Firmen „im Nacken spüren". So hat für sie Vorrang, den nationalen Studierenden die erforderlichen Inhalte zu vermitteln (EI D2:45).

Die Selbstreflexion mit acht Ladungen umfasst die Selbsteinschätzung zu den eigenen Ansprüchen an die Lehre (EI D3:23), die Reflexion des eigenen Lehrstils (EI D2:57) und dessen Grenzen

> *weil mir klar ist, dass die Art der Stoffvermittlung nie für alle gleich gut passt (EI D1:25)*

sowie die Reflexion vergangener Erfahrungen, um daraus Rückschlüsse für das zukünftige Handeln zu ziehen (EI D1:28; EI D3:13).

Den Hauptkategorien Zeitmanagement und Frustrationstoleranz sind jeweils sechs Textstellen zugeordnet. Das Zeitmanagement bezieht sich vor allem auf den erhöhten Vorbereitungsaufwand, den die Lehrveranstaltungen mit multikulturellen Gruppen verursachen. Die Präsentationen und Skripte müssen ins Englische übersetzt (EI D2:49), verstärkt überregionale Beispiele aufbereitet (EI D3:35) oder geeignete interaktive Methoden vorbereitet werden (EI D1:45). Zudem ist es teilweise erforderlich, separate Klausuren für die internationalen Studierenden zu erstellen und zu korrigieren, weil sie zu den Prüfungszeiten der nationalen Studierenden nicht mehr an der DHBW Ravensburg anwesend sind. Für diesen zusätzlichen Aufwand muss ebenfalls Zeit eingeplant werden (EI D2:39).

Die Frustrationstoleranz ist im Zusammenhang mit dem oben beschriebenen Spannungsfeld zwischen formalen Vorgaben und diversitätsgerechter Lehre zu sehen. Die Frustration entsteht bei den Dozentinnen immer dann, wenn ihnen selbst keine Entscheidungsmöglichkeit gegeben wird, und sie dadurch zu bestimmten Prüfungsformen (EI D1:29-30) und nicht diversitätsgerechten Inhalten gezwungen werden (EI D1:75; EI D2:25), was dazu führt,

> (...) dass man eben nie eine hohe Zufriedenheit bei allen erreicht (EI D1:25).

Mit fünf Ladungen nimmt die Hauptkategorie der Metakommunikation Rang acht ein. Metakommunikation ist notwendig, um ein Gemeinschaftsgefühl im Sinne Röschs (2015) unter der heterogenen Studierendenschaft zu erzielen (EI D1:30; EI D3:39). Dies kann gelingen, indem die interkulturellen Lernsettings als Bereicherung für die Studierenden dargestellt (EI D1:67), gemeinsame Lehr-Lernziele kommuniziert (EI D1:69) und der Erwartungshorizont für Prüfungsleistungen erklärt werden (EI D3:49).

Unter der Kategorie der positiven Grundeinstellung wird die grundsätzliche Aufgeschlossenheit gegenüber interkulturellen Lernsettings verstanden. So werden diese von D2 (EI:27) und D3 (EI:51) als Bereicherung für alle Beteiligten angesehen. Diese Kategorie ist als Ausgangspunkt für die Lehre mit multikulturellen Studierendengruppen zu sehen. Sie grenzt sich insofern vom Lernen dritter Ordnung ab, als dass dort die interkulturellen Lehr-Lernsettings nicht nur als Bereicherung empfunden, sondern auch durch didaktische Maßnahmen gezielt für ein interkulturelles Lernen genutzt werden.

Die Fähigkeit zur Stressbewältigung und die Lernbereitschaft nehmen mit jeweils zwei Ladungen Rang zehn ein. So ist eine Dozentin in englischsprachigen Lehrveranstaltungen angespannter und empfindet sie

> als deutlich anstrengender als eine Veranstaltung mit einer einzigen Nation im Raum (EI D1:23).

Die Lernbereitschaft ist im Sinne von Otten/Hertlein/Teekens (2013) als Lernen zweiter Ordnung zu verstehen, bei der die Dozentinnen in interkulturellen Lehr-Lernsituationen immer auch Lernende sind. Dies wird explizit von D2 bestätigt, die nicht nur durch die unterschiedlichen Perspektiven der internationalen Studierenden lernt, sondern auch ihre Englischkenntnisse verbessert (EI D2:49).

Als letzte Hauptkategorie ist das Fachwissen zu nennen, das D3 (EI:47) in einer interkulturellen Lehrveranstaltung benötigte, um eine inhaltlich kritische Situation korrigieren zu können. Der Umstand, dass das Fachwissen die Kategorie mit der geringsten Anzahl an Nennungen darstellt, sollte jedoch nicht dahingehend interpretiert werden, dass diese Kompetenz in interkulturellen Lernsettings nicht von Bedeutung wäre. Der Fokus der Interviews lag auf den Besonderheiten von Lehrveranstaltungen mit multikulturellen Gruppen. Es ist daher davon auszugehen, dass die Expertinnen nicht bewusst die Bedeutung des Fachwissens anführten, sondern sich bei ihren Aussagen auf die Unterschiede zwischen mono- und multikulturellen Veranstaltungen konzentrierten.

5.2.5 Eigene Beobachtungen

In den Protokollen der teilnehmenden Beobachtungen wurden 146 Textstellen codiert. Analog zu den Experteninterviews ergeben sich auch aus den teilnehmenden Beobachtungen Optimierungspotenziale für die Rahmenbedingungen der interkulturellen Lehr-Lernsettings, die ebenfalls Eingang in Kapitel 6.2 finden. Außerdem wurde auch hier der Erfahrungsaspekt durch Auslandsaufenthalte von einer Dozentin als wichtiger Grundstein angesehen (TB D4:33).

Aus den verbleibenden 138 extrahierten Textstellen wurden acht Hauptkategorien erstellt (siehe Anhänge 8-10), die in Abbildung 18 dargestellt sind. Die Bezeichnungen der Hauptkategorien orientieren sich dabei an denen der Experteninterviews, um eine zu große Differenzierung zu vermeiden.

Abbildung 18: Hauptkategorien und ihre Ladung als Ergebnis der teilnehmenden Beobachtungen

Rang	Hauptkategorie	Ladung
1	Kommunikationsfähigkeit in ELF-Settings	56
2	Diversitätsgerechtes Lehrhandeln	47
3	Entscheidungs- und Handlungsfähigkeit	15
4	Selbstreflexion	7
5	Konfliktmanagement Studierendenzugewandtheit	je 5
7	Zeitmanagement	2
8	Frustrationstoleranz	1

Quelle: eigene Darstellung

Die Kommunikationsfähigkeit in ELF-Settings stellt mit 56 markierten Textstellen die bedeutendste Kategorie dar. Dies darf jedoch nicht überinterpretiert werden, da bei teilnehmenden Beobachtungen die tatsächliche Interaktion der Beteiligten im Fokus steht (Kelle 2013), die sich in Vorlesungen hauptsächlich über die Kommunikation der Interaktanten ausdrückt. Die Hauptkategorie der Kommunikationsfähigkeit in ELF-Settings subsumiert wieder die Unterkategorien ELF-spezifische Kommunikationsfähigkeit und fachspezifische Englischkenntnisse. Außerdem ist als neue Unterkategorie die Konzentrationsfähigkeit hinzugekommen. Die Diversität in den Englischkenntnissen der Studierenden zeigt sich durchgängig in allen drei beobachteten Vorlesungen. Sie äußert sich in einem unterschiedlichen Englischniveau (TB D4:18 und 22), diversen Akzenten (TB D4:24) und fehlender Fachterminologie (TB D3:16). Die Dozentinnen versuchen daher ein besseres Verständnis für den Lehrstoff zu schaffen, indem sie die wichtigsten Punkte bzw. Aufgabenstellungen für Gruppenarbeiten visualisieren (TB D1:10 und 13 und 22; TB D3:70 und 97; TB D4:31) und den Lehrstoff anhand von Synonymen vermitteln:

"*Subsidiary is an affiliate, a plant, a Tochterunternehmen.*" (TB D1:17)

Dieses Beispiel demonstriert, dass die Dozentin bei der Erklärung des Wortes subsidiary auf die Unterschiede zwischen affiliate, plant und Tochterunternehmen verzichtet, obwohl in der Betriebswirtschaftslehre zwischen einer (Vertriebs-) Niederlassung, einem (Produktions-) Werk und einem Tochterunternehmen unterschieden wird. Ihr ist jedoch das sprachliche Verständnis des Begriffes an dieser Stelle wichtiger. Das bedeutet im Umkehrschluss aber nicht, dass wichtige Fachtermini nicht korrekt dargestellt werden würden. So stellt D1 für den Begriff "outsourcing" zunächst die Definition vor, bevor sie ihn mit eigenen Worten umschreibt (TB D1:22).

Das Beispiel mit der subsidiary verdeutlicht auch, dass D1 ihr multilinguales Repertoire ausschöpft. Dass dies eine geeignete Strategie sein kann, zeigt das vorhandene multilinguale Repertoire der Studierenden, die sich in der Pause auf Spanisch, Englisch und Deutsch unterhalten (TB D3:79). D1 greift außerdem auf die vorhandenen Ressourcen zurück, als sie zwei Muttersprachler um Unterstützung bittet:

> *Dabei kommt sie auf die Karosserie zu sprechen und sucht nach dem englischen Fachbegriff. Da ihr das Wort nicht sofort einfällt, umschreibt sie den Begriff. Die Umschreibung scheint sie aber nicht zufriedenzustellen, da sie die südafrikanischen Studierenden gezielt anspricht und fragt, welchen Begriff sie im Englischen dafür verwenden würden. Einer der beiden Südafrikaner meint, dass der von ihr verwendete Begriff "external shape" durchaus benutzt werden könne (TB D1:11).*

Dass Björkmans (2013) Forderung, sich um korrektes Englisch zu bemühen, wichtig ist, zeigt eine Situation in der Vorlesung von D1: Ein Versprecher ihrerseits führt zu Unruhe im Kurs, da die Studierenden zunächst versuchen, untereinander den Sachverhalt zu klären. Erst nachdem die Dozentin durch eine Rückfrage eines Studenten das Missverständnis klären kann, legt sich die Unruhe im Kurs wieder (TB D1:45-47).

Gute Englischkenntnisse sind ferner erforderlich, wenn Dozentinnen den Studierenden bei der Übersetzung von deutschen Begriffen ins Englische behilflich sind:

> *Ein nationaler Student aus einer anderen Gruppe formuliert eine Frage, wobei ihm das Wort „Berechnungen" nicht auf Englisch einfällt. Er benutzt daher den deutschen Begriff in seiner Fragestellung. D1 hilft ihm weiter, indem sie ihm das Wort "calculation" nennt, so dass er seine Frage vollständig auf Englisch formulieren kann (TB D1:18).*

Des Weiteren benötigen Dozentinnen gute Englischkenntnisse, wenn sie die Wortbeiträge der internationalen Studierenden in eigenen Worten zusammenfassen (TB D3:101). Dies geht einher mit einer erhöhten Konzentrationsfähigkeit, da die internationalen Studierenden teilweise leiser sprechen und damit schwieriger zu verstehen sind (TB D3:13).

Auf Rang zwei mit 47 zugeordneten Textstellen folgt das diversitätsgerechte Lehrhandeln. Analog zu den Experteninterviews wurden die Unterkategorien der didaktischen DHBW-spezifischen Methodenkenntnis, der diversitätsgerechten DHBW-spezifischen Lehre und der Kultursensibiliät aggregiert. Außerdem kam noch als neue Unterkategorie die Medienkompetenz hinzu, bei der D1 verschiedene Medien zur Wiederholung des Stoffes einsetzt (TB D1:39 und 56). Die Perspektiven der internationalen Studierenden werden durch die Dozentinnen gezielt abgefragt (TB D1:32; TB D3:65) und bei Gruppenarbeiten eine multikulturelle Zusammensetzung gefordert:

> *I recommend to work in groups of 4. Try to mix, so that we don't have pure German groups (TB D1:50).*

Die Dozentinnen setzen folglich didaktische Methoden ein, um ein interkulturelles Lernen zu ermöglichen. Dass die Voraussetzungen auf Seiten der Studierenden für diesen Austausch vorhanden sind, zeigen sich anhand der gegenseitigen Offenheit bzw. erfolgreichen Integration der internationalen Studierenden in die Kurse (TB D1:51; TB D3:59). Beide Dozentinnen treten ferner häufig in den Dialog mit den Studierenden, um einen einheitlichen Wissensstand zu schaffen und die Theorie in die Praxis zu überführen (TB D1:11 und 14 und 47; TB D3:15 und 23 und 39). Außerdem kommen Methoden für eine anwendungsorientierte Didaktik zum Einsatz (TB D1:10 und 29 und 39; TB D3:97).

Die diversitätsgerechte, DHBW-spezifische Lehre äußert sich dahingehend, dass D4 die Themenauswahl für Präsentationen den Studierenden überlässt, damit diese ihre unterschiedlichen Wissensstände als Ausgangsbasis nutzen können (TB D4:7 und 35). Die beiden anderen Dozentinnen setzen mehrere überregionale Beispiele beim Theorie-Praxis-Transfer ein und bieten somit den multikulturellen Studierendengruppen Anknüpfungspunkte (TB D1:41; TB D3:40 und 42 und 66). Als weiteres Element einer diversitätsgerechten Lehre ist die Reduktion des Stoffumfangs zu nennen, die aufgrund des langsameren Vorankommens der heterogen zusammengesetzten Gruppe erforderlich werden kann (TB D1:53). Diversitätsgerechte Lehre muss jedoch nicht immer bedeuten, dass die Dozentinnen verstärkt Rücksicht auf die internationalen Studierenden nehmen. D3 übersetzt beispielsweise einen Fachausdruck vom Englischen ins Deutsche, um den nationalen Studierenden die deutsche Fachterminologie zu vermitteln (TB D3:27).

Die Kultursensibilität kommt in den beobachteten Vorlesungssituationen auf vielfältige Weise zum Tragen: So erteilt D3 eine Aufgabe, die zur Vorbereitung der nächsten Vorlesung dient und damit den Studierenden nach Meinung von Li/Jia (2006) ein Gefühl von Sicherheit verschafft (TB D3: 107). D1 setzt unterschiedliche Medien bei der Vermittlung des Lehrstoffs ein, in dem Bewusstsein, dass es unterschiedliche Lernstile gibt:

> *Nach dem Video erklärt D1, warum sie sich entschieden hat, den Clip zu zeigen: "Everyone prefers a different way of learning. Maybe, with a video, some of you can learn better (TB D1:41)."*

D4 wiederholt regelmäßig bestimmte Inhalte des Lehrstoffs und verzichtet gänzlich auf den Einsatz von Ironie, da diese kulturbedingt unterschiedlich aufgefasst wird (TB D4:33). Im Umgang mit den Studierenden vor den Präsentationen, die die Prüfungsleistung der Lehrveranstaltung darstellten, als auch bei der Bewertung legt die Dozentin ein sehr kultursensibles Verhalten an den Tag. So zeigt sie ein gesichtswahrendes Verhalten als sie zur Bewertung der Präsentation der beiden Südkoreanerinnen überleitet:

> *Allerdings benutzt sie dieses Mal nicht das Wort „Feedback", sondern leitet mit Blick zu den beiden Studentinnen mit folgenden Worten ein: „Just a little addition to your presentation. I really would just like to add something (TB D4:28)".*

Das kultursensible Verhalten muss im Kontext der Lehrveranstaltung innerhalb des ISPs gesehen werden: So vermittelt D4 der Gruppe von neun internationalen Studierenden einen Lehrstoff, der nicht den Vorgaben einer Modulbeschreibung unterliegt. Sie hat dadurch mehr Freiraum, um auf die Bedürfnisse der Studierenden einzugehen.

Die Entscheidungs- und Handlungsfähigkeit rangiert mit 15 Ladungen auf dem dritten Platz. Diese Kategorie zeigt sich sehr stark im zweiten Teil der Vorlesung von D3, die im folgenden Kontext stattfand:

> *Das bedeutet für die Dozentin, dass sie in relativ wenig Stunden so viel Inhalt liefern muss, dass sie anschließend eine 150-Minuten Klausur füllen kann. In der Folge kann sie ihren Stoffumfang kaum reduzieren. Das Tempo in ihren Vorlesungen ist damit entsprechend hoch (TB D3:109).*

Um ihr Ziel erreichen zu können, spricht sie relativ schnell Englisch (TB D3: 80-82), erklärt Fachbegriffe nicht mehrfach anhand von Synonymen (TB D3: 94), lässt nicht genügend Zeit zur Beantwortung von Fragen (TB D3:107) und nimmt kaum Blickkontakt mit den internationalen Studierenden auf, damit diese sich nicht an der Diskussionsrunde beteiligen (TB D3:90). Dieses Verhalten kann auf den ersten Blick als interkulturell inkompetent erscheinen. Das vollzogene Handeln kann aber trotzdem als effektiv angesehen werden, auch wenn es nicht den idealisierten Vorstellungen von interkultureller Kompetenz entspricht (von Helmolt 2014). So fand auch Bender-Szymanski (2013) in ihrer Studie heraus, dass eine interkulturell kompetente Lehrerin durchaus kulturelle Differenzen übergehen kann, wenn sie dafür gute Argumente anbringt. Ferner gehört zu dieser Hauptkategorie der bewusste Einsatz von Großgruppendiskussionen (TB D3:104), gegenüber denen internationale Studierende teilweise Hemmungen haben (Li/Jia 2006).

Sieben Textstellen wurden der Hauptkategorie der Selbstreflexion zugeordnet. Dazu zählt die Selbsteinschätzung zum eigenen Anspruch an die Lehre (TB D3:109), die Wirkung des eigenen Rollenhandelns (TB D4:24 und 26 und 31) und das Bewusstsein über eigenkulturelle Kommunikationsnormen wie beispielsweise das Sprechtempo im Englischen (TB D3:80-81). Ferner hat D4 ihr Verhalten, das von einer türkischen Studierenden hinterfragt wurde, reflektiert und anschließend geändert (TB D4:34). Wichtig ist jedoch auch, dass die Dozentinnen den Einsatz der Methoden kritisch reflektieren. So zeigen drei internationale Studierende bei einer Gruppenarbeit ein anderes Kommunikationsverhalten als zuvor in einer gemischten Gruppe:

> *(...) Dennoch bringen sich bei der anschließenden Diskussion alle drei abwechselnd ein. Der Redeanteil jeder Studentin ist gegenüber der vorherigen Gruppenarbeit mit den nationalen Studierenden höher, da sie nicht nur Antworten von anderen Gruppenmitgliedern mit einem Nicken oder kurzen Satz bestätigen, sondern mehrere Sätze sagen und miteinander diskutieren (TB D3:98).*

Otten/Hertlein/Teekens (2013:256) sehen die von Dozentinnen häufig präferierte und geforderte multikulturelle Zusammensetzung der Studierendengruppen bei Teamarbeiten ebenfalls als kritisch an und sprechen sogar von einer „Nötigung zur Heterogenität". Es ist somit notwendig, dass Dozentinnen auf die Wirkung bestimmter Handlungsroutinen achten und diese reflektieren.

Im Bereich des Konfliktmanagements bestätigten sich durch die teilnehmende Beobachtung bei D1 die Aussagen der Experteninterviews über die sporadische Anwesenheit der internationalen Studierenden. So nahm ein spanischer Student nach der Pause nicht mehr an der Vorlesung teil, meldete sich im Vorfeld aber auch nicht ab (TB D1:38). Für das Konfliktmanagement zeigte sich aber auch noch eine neue Facette: In der Vorlesung von D4 kam es zu einem Konflikt zwischen einer russischen und einer US-amerikanischen Studentin, als die Russin eine antiamerikanische Meinung im Zusammenhang mit der Ukraine-Krise vertrat. Die Dozentin griff daraufhin mit den Worten ein:

> *We have to accept that there are different views, even if we do not always agree (TB D4:26).*

Konflikte aus dem Weltgeschehen können somit u.U. auch in die Vorlesungen getragen werden, wenn Studierende eine Haltung gegen eine andere Nation einnehmen, die durch Personen im Raum repräsentiert wird. Selbst wenn sich die Meinung nicht persönlich gegen die Kommilitoninnen richten sollte, sind die Dozentinnen doch gefordert, in die Konfliktsituation deeskalierend einzugreifen. Analog zu den Experteninterviews wird auch die Unterkategorie der Gleichbehandlung aller Studierenden dem Konfliktmanagement zugeordnet. Sie äußert sich in den Bewertungsmaßstäben, die von D1 und D4 bei den Prüfungsleistungen für alle Studierenden gleichermaßen angelegt werden (TB D1:43; TB D4:35). Gleichzeitig ist aber auch zu sehen, dass ein internationaler Studierender gewillt ist, sich den zuvor durch D1 erläuterten Bewertungskriterien anzupassen:

> *Einer der beiden südafrikanischen Studierenden meldet sich und möchte seine zuvor abgegebene Seminararbeit wiederhaben. Er erklärt, dass er das assignment nach den Zitierrichtlinien überarbeiten möchte, weil er beispielsweise kein Inhaltsverzeichnis erstellt habe (TB D1:47).*

Dieses Verhalten untermauert zum einen die Ergebnisse der Studie von Luo/Kück (2011), bei der chinesische Studierende sich relativ flexibel an die Rahmenbedingungen des neuen Lernumfelds anpassten, und zum anderen das Streben nach Konformität als Ergebnis der Befragung der internationalen Studierenden.

Die Studierendenzugewandtheit auf Rang fünf kam bereits bei den Auswertungen der Studierendenerwartungen zum Tragen, wurde jedoch von den Expertinnen in den Interviews nicht thematisiert. Bei den teilnehmenden Beobachtungen zeigt sich diese Kategorie durch das Festlegen der Pausenzeiten in Absprache mit den Studierenden (TB D1:7), dem hilfsbereiten Verhalten bei der Platzsuche von später erscheinenden Studierenden (TB D1:10) und der Zugänglichkeit bei Fragen:

> *Bevor der Kurs mit der Bearbeitung der Fallstudie beginnt, schiebt D1 jedoch noch einen Exkurs zu den Anforderungen an die Prüfungsleistung ein. Sie reagiert nach*

eigenen Aussagen damit auf die Fragen, die ihr von mehreren Studierenden in der Pause gestellt wurden (TB D1:43).

Mit zwei Textstellen rangiert das Zeitmanagement auf Platz sechs. So zeigt sich bei D3, dass sie deutsch- und englischsprachige Quellen als Literaturempfehlungen für die Lehrsequenz ausspricht. Für die Recherche nach Quellen in beiden Sprachen muss ein zusätzlicher Zeitaufwand eingeplant werden (TB D3:109). Außerdem muss ausreichend Zeit für die Übersetzung aller Folien ins Englische eingeplant werden, da bei Folien in einer anderen Sprache die internationalen Studierenden der Vorlesung nicht mehr folgen können und Unruhe entsteht:

Die nächste Folie ist in deutscher Sprache verfasst, wofür sich D3 entschuldigt. („I usually don't use German slides") Es bleibt unklar, warum sie gerade diese Folie nicht übersetzt hat. Es handelt sich um eine Tabelle, die aus einem deutschen Lehrbuch eingescannt wurde. Die Spalten und Zeilen werden jedoch nicht einzeln von der Dozentin erklärt und ins Englische übersetzt. Vielmehr erklärt D3 generell die Aussage der Folie. Während ihrer Ausführungen startet mehrfach ein Gemurmel unter den verschiedenen Studierenden. Die Russin, die ansonsten immer mitschreibt, legt den Stift beiseite und beginnt, intensiv ihre Fingernägel zu inspizieren (TB D3:35).

Zuletzt ist noch die Frustrationstoleranz zu nennen. Die Frustration entsteht bei D4 durch die auf Seite der internationalen Studierenden unterschiedlichen Auffassungen zum Lehrstoff, in diesem Fall zur Einhaltung von Zitierrichtlinien, die nicht immer dem deutschen Maßstab entsprechen:

(...) Das ist dann sehr zäh, sehr zäh. Da frage ich mich manchmal, ob ich mir das wirklich nochmal antun will (TB D4:35).

In den Vorlesungen von D1 und D3 wurde auch auf die studentische Mitarbeit geachtet (siehe Anhang 11), um Vergleiche zu der in der Literatur und den Experteninterviews angesprochenen „aktiven Teilnahme" ziehen zu können. In der Vorlesung von D3 lag das Verhältnis der internationalen Studierenden zu den nationalen Studierenden bei 44:66. Die mündliche Beteiligung an der Vorlesung lag bei 40:60 und spiegelt damit fast identisch die Zusammensetzung der Gruppe wider. Allerdings wurden Verständnisfragen nur von den nationalen Studierenden gestellt. Vier internationale Studierende fertigten häufig bis regelmäßig Notizen an. Dies ist interessant im Vergleich zu den nationalen Studierenden, von denen ebenfalls vier Studierende eine Mitschrift anfertigten. Die nationalen Studierenden müssen jedoch im Folgesemester eine Klausur schreiben, so dass davon ausgegangen werden kann, dass sie ein Eigeninteresse an einer gut nachvollziehbaren Mitschrift haben müssten.

Die internationalen Studierenden dagegen müssen eine Präsentation halten und daher weniger das Skript reproduzieren können. Dennoch war im Verhältnis zu den nationalen Studierenden das Engagement in Bezug auf eine Mitschrift bei den internationalen Studierenden höher.

In der Vorlesung von D1 lag das Verhältnis von internationalen und nationalen Studierenden bei 20:80 und entspricht damit nach Aussagen von D2 (EI D2:29) einer idealen Kurszusammensetzung. Trotzdem zeigte sich in dieser Vorlesung, dass sich die internationalen Studierenden ausschließlich nur nach Aufforderung der Dozentin verbal einbrachten (TB D1:32). Als mögliche Gründe für dieses Verhalten kann zum einen die zahlenmäßige Dominanz der nationalen Studierenden angeführt werden, die auf Seiten der internationalen Studierenden eventuell zu Hemmungen führte, sich mit Wortbeiträgen zu beteiligen. Zum anderen handelte es sich um den letzten Vorlesungstermin, zu dem manche internationale Studierende bereits ihre Seminararbeit mitgebracht und dadurch eventuell mental mit der Lehrveranstaltung abgeschlossen hatten. Allerdings muss auch hinzugefügt werden, dass sich an der Plenumsdiskussion nur ein bestimmter Kreis von nationalen Studierenden beteiligt hat (TB D1:55), was die Aussage von D3 im Experteninterview unterstreicht, nach der auch bei den nationalen Studierenden sich immer nur ein bestimmter Personenkreis aktiv in die Lehrveranstaltungen einbringt (EI D3:27). Die Beispiele belegen somit, dass eine aktive Mitarbeit in den Vorlesungen nicht kulturbedingt, sondern individuumsspezifisch ist.

5.2.6 Kritische Reflexion der Datenauswertung

Die Reflexion der Datenauswertung bezieht sich auf die Notwendigkeit der Triangulation, das Vorgehen nach der modifizierten Inhaltsanalyse und die subjektive und kulturabhängige Interpretation der Daten.

Die Auswertungen der einzelnen Erhebungsmethoden verdeutlichen die Notwendigkeit der angewandten Triangulation: Wie die Ergebnisse der Experteninterviews zeigen, wollen die Dozentinnen diversitätsgerecht lehren, sehen sich aber auch mit den Zwängen formaler Vorgaben in Bezug auf Lehrinhalte und Prüfungsformen konfrontiert. Dieses Spannungsfeld schwächt sich ab, wenn man die Erwartungshaltungen mehrerer internationaler Studierender hinzuzieht: Sie wünschen sich, dass die Hochschullehrerinnen den üblichen Lehrstil beibehalten, da sie sich gezielt neuen Lehr-Lernsituationen aussetzen möchten. Ferner erwarten einige internationale Studierende, insbesondere aber auch mehrere nationale Studierende, eine Gleichbehandlung aller. Eine zu starke Ausrichtung des Rollenhandelns auf die internationalen Studierenden wäre daher kontraproduktiv. Außerdem zeigte sich durch die teilnehmenden Beobachtungen die Bedeutung der Kommunikationsfähigkeit in ELF-Situationen, die bei den Befragungen der Studierenden und den Experteninterviews bei weitem nicht denselben Stellenwert einnahm. Durch die Triangulation konnte folglich ein nach Flick (2011) umfassenderes Verständnis für den Forschungsgegenstand gewonnen werden.

Die deduktive und induktive Vorgehensweise bei der qualitativen Inhaltsanalyse führte ebenfalls zu einem aussagekräftigeren Kategoriensystem. Die theoriegeleiteten Kategorien bestätigten sich zwar im Datenmaterial, die Anzahl der induktiv abgeleiteten Kategorien überwiegt jedoch die der deduktiven. Somit bestätigt sich die eingangs aufgestellte Annahme, dass gerade im interkulturellen Kontext mit einer deduktiven Herangehensweise nicht zwingend alle Perspektiven der Akteure aus unterschiedlichen Kulturen erfasst werden können.

Die Subjektivität bei der Interpretation dieser Perspektiven wird durch die angewendeten Methoden bedingt. So beginnt die Auswertung der Experteninterviews mit der Transkription, die bereits Interpretationen enthält (Langer 2013). Im vorliegenden Fall erfolgte diese beispielsweise durch meine Glättung bestimmter Textstellen. Teilnehmende Beobachtungen sind per se selektiv und interpretativ, da die Beschreibung der Situation aus der Perspektive der Forscherin erfolgt (Breidenstein et al. 2015). Ferner sind innerhalb der qualitativen Inhaltsanalyse die Extraktion relevanter Daten und deren Paraphrasierung abhängig vom Verständnis der Forscherin und daher ebenfalls individuell (Gläser/Laudel 2009). Darüber hinaus ist die Datenauswertung aber auch kulturabhängig, da die Kategorienbildung und damit die Interpretation durch das Medium Sprache erfolgt. Die Kategorien werden in Abhängigkeit von der Gesellschaft gebildet, in der die an der Kommunikation Beteiligten leben (Burr 2015). Semantische Unterschiede in den Antworten unterliegen damit den Einschätzungen der Interpretin (Grunert/Grunert 1995). Diese semantischen Unterschiede kamen vor allem bei den auf Englisch ausgefüllten und von mir übersetzten Fragebögen der internationalen Studierenden zum Tragen. So wurde beispielsweise auf Zuordnungen zu Kategorien auch verzichtet, wenn diese nicht eindeutig zu klären waren.

Des Weiteren ist die Kategorienbildung eine Ausprägung einer analytischen Wahrnehmungsweise, die vor allem in westlichen Kulturen vorkommt (Nisbett/Miyamoto 2005). Wenn östliche Kulturkreise, wie z.B. Südkorea, eine eher holistische Wahrnehmung bei der Organisation der Umwelt aufweisen (Nisbett/Miyamoto 2005), dann werden über die qualitative Inhaltsanalyse nicht zwingend die Intentionen der Befragten aus diesen Kulturkreisen erfasst. Daher bleibt festzuhalten, dass eine vollständige Kongruenz zwischen den Bedeutungen der Antworten und den Interpretationen der Forscherin ausgeschlossen ist (Grunert/Grunert 1995).

Die Ergebnisse der einzelnen Datenauswertungen werden im folgenden Kapitel abschließend zusammengefasst und in ein Kompetenzprofil für Dozentinnen überführt.

6 Dimensionen interkultureller Lehrkompetenz

6.1 Oberflächen- und Tiefenstruktur des Kompetenzprofils

Aus der empirischen Untersuchung ergeben sich 13 Dimensionen des Konstrukts der interkulturellen Lehrkompetenz. Bei der Darstellung dieser Dimensionen folge ich der von Krumm/Mertin/Dries (2012) vorgeschlagenen Vorgehensweise, nach der zwischen einer Oberflächenstruktur und einer Tiefenstruktur in einem Kompetenzprofil unterschieden wird. Die Oberflächenstruktur besteht aus Kompetenzen, die in einem weiteren Schritt auch zu Kompetenzclustern zusammengefasst werden können. Die Tiefenstruktur umfasst die zu einer Kompetenz zugehörigen Anforderungen, die aus Persönlichkeitsmerkmalen und beobachtbaren Verhaltensweisen besteht (Krumm/Mertin/Dries 2012).

Bei der Darstellung der Oberflächenstruktur lehne ich mich an die Kompetenzcluster der beruflichen Handlungskompetenz an. Hier kann kritisiert werden, dass aufgrund der Unschärfe der Kompetenzbegriffe (Heyse 2007) eine eindeutige Zuordnung der Kompetenzdimensionen zu den vier Teilbereichen der Handlungskompetenz nicht immer möglich ist. Andererseits fordern Krumm/Mertin/Dries (2012) zu einer Darstellung und Bezeichnung der Kompetenzen auf, die sich an der Alltagssprache orientieren, um die Kommunikation des Kompetenzprofils in der Organisation zu erleichtern. Durch die Verankerung der beruflichen Handlungskompetenz im Bildungsziel der DHBW sollte dieses Konstrukt den Mitgliedern der Organisation bekannt sein, weshalb es sich als Ausgangsbasis für das Kompetenzprofil eignet. Um eine willkürliche Zuordnung auszuschließen, folge ich der Einteilung in Boltens (2007) integrativem Prozessmodell interkultureller Kompetenz, das sehr große Überschneidungen mit dem empirisch überprüften Modell von Heyse (2007) aufweist.

Wie Abbildung 19 zeigt, stehen die beiden Dimensionen Kommunikationsfähigkeit in ELF-Settings und diversitätsgerechtes Lehrhandeln im Zentrum der Graphik. Zum einen wird dadurch die zentrale Bedeutung dieser beiden Kompetenzen aufgrund der Häufigkeit ihrer Nennungen symbolisiert. Zum anderen setzen sie sich aus unterschiedlichen Bereichen der vier Teilkompetenzen zusammen und können daher nicht eindeutig einem Teilbereich zugeordnet werden. So umfasst beispielsweise die Kommunikationsfähigkeit in ELF-Settings einerseits die zur Fachkompetenz zugehörige englische Fachterminologie und andererseits die Selbstüberwindung zur Lehre auf Englisch, die der persönlichen Kompetenz zugeordnet wird. Die Pfeile verdeutlichen das ganzheitliche Zusammenwirken der vier Teilkompetenzen, das für ein effektives Rollenhandeln von Dozentinnen notwendig ist.

Abbildung 19: Interkulturelle Lehrkompetenz als Handlungskompetenz

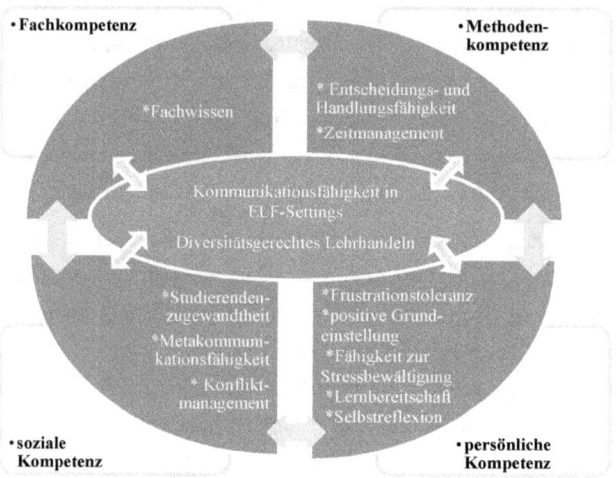

Quelle: in Anlehnung an Bolten (2007)

Anhand der folgenden Übersichten zur Tiefenstruktur werden die Kompetenzen mithilfe der Ergebnisse aus der Untersuchung näher beschrieben. Durch diese Konkretisierung der Kompetenzen entsteht ein einheitliches Begriffsverständnis für die Kommunikation in der Organisation.

Abbildung 20 zeigt die Tiefenstruktur der beiden zentralen Kompetenzen Kommunikationsfähigkeit in ELF-Settings und diversitätsgerechtes Lehrhandeln. Hervorzuheben ist hierbei die anwendungsorientierte Didaktik, um die Erwartungen der Studierenden nach dem für die DHBW üblichen Lehrstil zu erfüllen. Dadurch kann dem Streben der Studierenden nach Stimulation begegnet werden. Darüber hinaus sind die interaktiven Methoden, die an der DHBW verstärkt eingesetzt werden, prädestiniert, um die Lehrveranstaltungen als Plattform für den mehrfach gewünschten interkulturellen Austausch zu nutzen.

Abbildung 20: Tiefenstruktur der zentralen Kompetenzen von interkultureller Lehrkompetenz

Cluster	Zentrale Kompetenzen	
Kompetenz	**Kommunikationsfähigkeit in ELF-Settings**	**Diversitätsgerechtes Lehrhandeln**
Tiefenstruktur	Über gute Englischkenntnisse inkl. Fachterminologie verfügen	DHBW-spezifische Methoden für eine anwendungsorientierte Didaktik kennen und anwenden
	Unterschiedliche Akzente des Englischen verstehen	Geeignete Einsatzmöglichkeiten der Methoden kennen
	Kenntnis über die Merkmale von ELF-Settings haben	Offenheit und Wunsch der Studierenden nach interkulturellem Austausch mit geeigneten didaktischen Methoden nutzen
	Lehrstoff anhand von Synonymen wiederholen	Mit heterogenen Wissensständen umgehen können
	Sprechtempo verlangsamen	Strukturiert vorgehen
	Gruppenarbeiten detailliert moderieren	Überregionale Beispiele aufbereiten und einsetzen
	Methoden zur Visualisierung der Kernpunkte kennen und anwenden	Zusatzmaterialien als Vorbereitung auf die nächste Vorlesung austeilen
	Eigenes multilinguales Repertoire und das der Studierenden ausschöpfen	Unterschiedliche Medien zur Wiederholung des Stoffes einsetzen
	Sich überwinden, auf Englisch zu lehren	Flexible Anwendung und Ausgestaltung von Prüfungsformen (sofern formal möglich)
	Sich über einen längeren Zeitraum konzentrieren können	Themenauswahl für Seminararbeiten den Studierenden überlassen (sofern formal möglich)
		Deutsche Fachterminologie für nationale Studierende benutzen
		Kenntnis über unterschiedliches Verständnis von aktiver Mitarbeit haben
		Kenntnisse über Kulturspezifika wie z.B. Face-Saving-Concept besitzen
		Kenntnisse über kulturspezifische Vorurteile besitzen
		Auf kulturell bedingte Verhaltensweisen eingehen können
		Verständnis zu kultur- bzw. personenspezifischen Handlungszusammenhängen besitzen

Quelle: eigene Darstellung

Abbildung 21 gibt Auskunft über die Tiefenstruktur der Fach- und Methodenkompetenz. Zur Fachkompetenz zählt das Fachwissen der Hochschullehrerinnen, das mehrfach von den Studierenden gewünscht wurde, um dem Leistungsmotiv nachzukommen. Im Gegensatz zu Bolten ordne ich die in den Befragungen der nationalen Studierenden und den Experteninterviews genannte (Auslands-) Erfahrung nicht bei der Fachkompetenz ein. Sie ist nach Krumm/Mertin/Dries (2012) zwar ein wichtiger Aspekt für ein effektives Handeln, aber keine eigenständige Kompetenzdimension. Die Methodenkompetenz setzt sich aus der Entscheidungs- und Handlungsfähigkeit sowie dem Zeitmanagement zusammen.

Abbildung 21: Tiefenstruktur der Fach- und Methodenkompetenzen von interkultureller Lehrkompetenz

Cluster	Fachkompetenz	Methodenkompetenz	
Kompetenz	Fachwissen	Entscheidungs- und Handlungsfähigkeit	Zeitmanagement
Tiefenstruktur	Umfassende Kenntnis des jeweiligen Fachgebiets besitzen	Spannungsfeld zwischen formalen Vorgaben und diversitätsgerechter Lehre lösen können	Mit Aufwand für zusätzliche Klausuren für internationale Studierende umgehen können
		Vorgegebene Inhalte vermitteln und Lehr-Lernziele erreichen	Mit erhöhtem Vorbereitungsaufwand der englischsprachigen LVs umgehen können (Übersetzen der Skripte und Folien, Recherche nach deutsch- und englischsprachigen Quellen)
		Bewusst mit Methoden umgehen, die nicht immer kultursensibel sind	
		Bewusst nicht diversitätsgerecht handeln	

Quelle: eigene Darstellung

Die Entscheidungs- und Handlungsfähigkeit ist besonders im Zusammenhang mit der für diese Untersuchung festgelegten Definition von interkultureller akademischer Lehrkompetenz zu sehen. Sie führt dazu, dass die als Handlungsziele der Akteure genannten Lehr-Lernziele erreicht werden können, was auch mehrfach eine Erwartungshaltung insbesondere der nationalen Studierenden war.

Die persönliche Kompetenz, die in Abbildung 22 dargestellt ist, umfasst die Lernbereitschaft, Frustrationstoleranz, Selbstreflexion, positive Grundeinstellung und Fähigkeit zur Stressbewältigung. Sie ist im Kompetenzprofil die Teildimension, die die meisten Kompetenzen beinhaltet. Die Tiefenstruktur dieser Kompetenzen unterstreicht die Bedeutung von Persönlichkeitsmerkmalen wie Offenheit und Aufgeschlossenheit, aber auch die Reflexionsfähigkeit, die sowohl bei der interkulturellen Kompetenz (Bertelsmann Stiftung 2006), als auch bei der akademischen Lehrkompetenz (Heiner/Wildt 2013; Trautwein/Merkt 2013) für die Weiterentwicklung des persönlichen Kompetenzniveaus aufgeführt wurde.

Abbildung 22: Tiefenstruktur der persönlichen Kompetenzen von interkultureller Lehrkompetenz

Cluster	Persönliche Kompetenz				
Kompetenz	Lernbereitschaft	Frustrationstoleranz	Selbstreflexion	Positive Grundeinstellung	Fähigkeit zur Stressbewältigung
Tiefenstruktur	Sich selbst als Lernende verstehen	Inhaltliche, nicht diversitätsgerechte Zwänge durch Modulvorgaben aushalten können	Eigene Ansprüche an die Lehre einschätzen können	Interkulturellen Lernsettings gegenüber aufgeschlossen sein	Mit erhöhter Anspannung in interkulturellen Lernsettings umgehen können
	Offen sein für fremdkulturelle Perspektiven	Mit unterschiedlichen Auffassungen zum Lehrstoff (z.B. Verständnis von Zitierrichtlinien) umgehen können	Vor- und Nachteile des eigenen Lehrstils einschätzen können		
	Bestrebt sein, eigene Englischkenntnisse kontinuierlich zu verbessern		(Lehr-)Erfahrungen reflektieren und (Lehr-) Handeln adaptieren können		
			Eigenkulturelle Kommunikationsnormen reflektieren und ggfs. anpassen können		
			Methodeneinsatz kritisch reflektieren können		

Quelle: eigene Darstellung

Der sozialen Kompetenz werden die Studierendenzugewandtheit, die Metakommunikationsfähigkeit und das Konfliktmanagement zugeordnet, wie aus Abbildung 23 hervorgeht. Während die beiden letztgenannten Kompetenzen in der Tiefenstruktur anhand der Performanz beschrieben werden, besteht die Studierendenzugewandtheit aus mehreren Persönlichkeitsmerkmalen. Mit ihnen können Dozentinnen v.a. dem Sicherheitsstreben der Studierenden in Form von einer guten Lernatmosphäre begegnen.

Abbildung 23: Tiefenstruktur der sozialen Kompetenzen von interkultureller Lehrkompetenz

Cluster	Soziale Kompetenz		
Kompetenz	Studierenden-zugewandtheit	Metakommunikations-fähigkeit	Konfliktmanagement
Tiefenstruktur	Offenheit Respekt Empathie Hilfsbereitschaft Geduld Zugänglich für Fragen sein	Interkulturelle Lernsettings als Bereicherung für alle darstellen	Potenzielle Konfliktursachen kennen (Anwesenheit; kulturell bedingte Vorurteile; Positionen der Weltpolitik)
		Gemeinsame Lehr-Lernziele kommunizieren	Konflikte moderieren können
		Erwartungshorizont für Prüfungsleistungen erklären	Gleichbehandlung aller Studierenden durch z.B. einheitliche Bewertungsmaßstäbe

Quelle: eigene Darstellung

Der Umfang von 13 Kompetenzen spiegelt den hohen Grad an Komplexität des interkulturellen Arbeitsfelds der Dozentinnen wider. Das Ergebnis ist damit vergleichbar mit Bender-Szymanskis Studie (2013), deren Resultat elf Dimensionen waren. Inhaltlich sind meine Untersuchungsergebnisse jedoch eher in einer Reihe mit Over/Mienert (2010) zu sehen, da das Kompetenzprofil mit Ausnahme des diversitätsgerechten Lehrhandelns und der Kommunikationsfähigkeit in ELF-Settings Kompetenzen enthält, die auch für ein kulturell homogenes Arbeitsumfeld von Relevanz sein können.

Durch die Einbeziehung der Erwartungshaltungen der Studierenden und der Zielausrichtung der DHBW ist ein Kompetenzprofil entstanden, das nicht nur den IST-Zustand widerspiegelt, sondern auch den SOLL-Zustand darstellt. Dieser SOLL-Zustand kann für die (Weiter-) Entwicklung der notwendigen Kompetenzen herangezogen werden, um den momentanen und zukünftigen Anforderungen einer Hochschullehre mit multikulturellen Studierendengruppen gerecht zu werden (Fiehn et al. 2012). Wie hierfür die Tiefenstruktur des Kompetenzprofils genutzt werden kann, wird in den folgenden Handlungsempfehlungen erläutert.

6.2 Handlungsempfehlungen

Die Tiefenstruktur gibt einerseits Auskunft über die erforderlichen Persönlichkeitsmerkmale, über die Dozentinnen verfügen sollten, wenn sie in multikulturellen Studierendengruppen Lehrveranstaltungen übernehmen. Da diese Merkmale kaum veränderbar sind (Krumm/Mertin/Dries 2012), sollte ihre Überprüfung durch entsprechende Fragetechniken bereits Bestandteil der Auswahlverfahren sein.

Die andererseits aus dem Profil ersichtlichen beobachtbaren Verhaltensweisen sollten Eingang in die Konzeption von hochschuldidaktischen Weiterbildungsmaßnahmen finden. Dass in diesem Bereich Handlungsbedarf besteht, zeigen die Aussagen der drei Expertinnen, nach denen keine der Dozentinnen ein externes Unterstützungsangebot in Form von Seminaren oder Workshops zur Vorbereitung auf die multikulturellen Studierendengruppen erhalten hat (EI D1:19; EI D2:17; EI D3:13). Dabei können die Unterstützungsangebote auch hochschulintern in Form von sogenannten Communities of Practice (CoP) durchgeführt werden. Neben dem kollegialen Erfahrungsaustausch, den sich D1 wünscht (EI D1:72), könnte diese Plattform auch dazu dienen, den Einsatz bestimmter didaktischer Methoden in multikulturellen Gruppen zu reflektieren und dadurch eine diversitätsgerechte Lehre gemeinsam zu entwickeln. CoPs werden zu ähnlichen Fragestellungen bereits an anderen Hochschulen durchgeführt, wie das Beispiel der Universität Hildesheim zeigt (Bosse/Grigorieva 2013).

Der Kontrast zwischen dem Verhalten von D4 und den Aussagen in den Interviews von D1, D2 und D3 sowie deren Verhalten in den Vorlesungen verdeutlicht, dass weniger strikte curriculare Vorgaben ein diversitätsgerechteres Lehrhandeln erlauben. Es ist daher zu überlegen, ob Lehrinhalte in diversen Modulvorgaben im Studiengang IB nicht gekürzt werden könnten. Dem Einwand der dualen Partner, dass dadurch nicht ausreichend Fachwissen vermittelt werden würde, könnte durch den verstärkten Erwerb von interkultureller Kompetenz auf Seiten der nationalen Studierenden begegnet werden. Das Verbesserungspotenzial von interkultureller Kompetenz bei den nationalen Studierenden hat sich in der Studie in einer Gruppenarbeit gezeigt, bei der die nationalen Studierenden aufgrund ihrer Art der Kommunikation die internationalen Studierenden dominiert haben (TB D3:74-77). Durch die Reduktion des Lehrstoffs würden den Dozentinnen mehr Möglichkeiten für interkulturelle

Interaktionen während der Lehrveranstaltungen und Sensibilisierung aller Studierenden für Aspekte von interkultureller Kommunikation gegeben werden. Im Ergebnis stünde ein höherer Grad an interkultureller Kompetenz auch der nationalen Studierenden, wovon letztendlich auch die dualen Partner in Bezug auf ihre internationalen Geschäftsbeziehungen profitieren würden. Ferner würde die Hochschule damit der Forderung nachkommen, die Absolventen auf aktuelle gesellschaftliche Aufgaben vorzubereiten, die aufgrund der Globalisierung von einer zunehmenden kulturellen Diversität geprägt sind (Düll/von Helmolt/Prieto-Peral 2014).

Bei der Datenauswertung ergaben sich auch Handlungsempfehlungen für strukturelle Rahmenbedingungen, die sich auf die DHBW Ravensburg beziehen. Auch wenn sie nicht direkt im Zusammenhang mit der Forschungsfrage stehen, sollen sie hier aufgeführt werden, um das Umfeld der interkulturellen Lehr-Lernsituationen zu verbessern, damit sich die Dozentinnen verstärkt auf die Lehre konzentrieren können:

So sollte es Aufgabe des International Office sein, bei der Zuteilung der internationalen Studierenden auf eine ausgewogene Zusammensetzung von nationalen und internationalen Studierenden (EI D2:29) bzw. eine maximale Gruppengröße von 30 Personen (EI D3 19; TB D1:53) zu achten, um gelungene Interaktionen in den Lehrveranstaltungen zu ermöglichen. Außerdem ist das International Office gefordert, die Dozentinnen bei Problemen wie der Einhaltung von Learning Agreements zu unterstützen (EI D1:48-50), damit diese von organisationalen Aufgaben entlastet werden.

Ferner ist zu überlegen, ein bestimmtes Englischniveau bei den internationalen Studierenden zu verlangen, das vorab über einen Test geprüft wird (EI D1:39; EI D3:43; TB D3:109). Dabei sollte das Niveau B1 des europäischen Referenzrahmens anvisiert werden, da dies das geforderte Eingangsniveau für die nationalen Studierenden darstellt (DHBW 2011b). Homogenere Sprachkenntnisse würden die Kommunikation in den Lehrveranstaltungen erleichtern. Damit einher geht auch die Empfehlung, bei der Zuteilung der internationalen Studierenden auf deren Anzahl an absolvierten Fachsemestern zu achten (EI D1:39), so dass die Dozentinnen auf einheitlicheren Wissensständen aufbauen könnten.

Die Studiengänge sind aufgefordert, eine ausgewogene Anzahl an Lehrveranstaltungen für das ISP zu öffnen. Finden die nationalen Studierenden permanent interkulturelle Lehr-Lernsettings vor, sinkt ihre Bereitschaft zum Austausch mit den internationalen Studierenden (EI D1:36; EI D1:75). Im Umkehrschluss bedeutet dies jedoch auch, dass sich an der DHBW Ravensburg insgesamt mehr Dozentinnen aus unterschiedlichen Studiengängen bereit erklären müssten, englischsprachige Lehrveranstaltungen durchzuführen. Dies würde das Angebot für das ISP erhöhen, wodurch sich für das International Office mehr Möglichkeiten der Zuteilung auf unterschiedliche Kursgruppen ergäben.

Anreiz für die Konzeption und Durchführung englischsprachiger Lehrveranstaltungen würde sich durch eine entsprechende Deputatsregelung ergeben (EI D1:7; EI D2:51). So fordert auch Rösch (2015), dass der zusätzliche Aufwand für Dozentinnen, den sie für die Internationalisierung der Lehre benötigen, durch eine gesetzlich geregelte Reduzierung des Lehrdeputats ausgeglichen werden sollte. Ferner sollten die Studiengänge darauf achten, dass die englischsprachigen Lehrveranstaltungen als Standardveranstaltungen konzipiert werden können, damit die Dozentinnen von Dubletten profitieren (EI D3:33).

Die Handlungsempfehlungen beziehen sich somit einerseits auf die Unterstützung der Dozentinnen und andererseits auf die organisationalen Elemente ihres interkulturellen Arbeitsfelds. Dabei muss jedoch stets berücksichtigt werden, dass dies Komponenten einer Gesamtstrategie bei der Internationalisierung einer Hochschule sein sollten. Dem SVR (2015) nach können nur durch eine holistisch ausgerichtete Internationalisierungsstrategie die Bedürfnisse internationaler Studierender nachhaltig berücksichtigt werden, was gleichzeitig einem positiven Image des Hochschulstandorts förderlich ist.

6.3 Grenzen der Untersuchung

Die gewonnenen Ergebnisse unterliegen der Frage nach ihrer Generalisierbarkeit. Von Helmolt (2014) führt aus, dass Ergebnisse aus Untersuchungen zu interkulturellen Arbeitskontexten nicht als kontextübergreifend dargestellt werden können, da sie situativ determiniert sind.

Dies trifft auch auf die vorliegende Untersuchung zu, wobei durchaus auch Differenzierungen vorgenommen werden müssen: Die Aussagen der Expertinnen beruhen auf Erfahrungswerten, die über einen längeren Zeitraum und mit unterschiedlichen multikulturellen Studierendengruppen gesammelt wurden. Sie sind somit nicht kontext-spezifisch und daher eher verallgemeinerbar (Flick 2011) als die Ergebnisse der teilnehmenden Beobachtungen. Diese sind an den Kontext der jeweiligen Vorlesung gebunden. Analog verhält es sich mit den Erwartungshaltungen der Studierenden. Die Struktur insbesondere der internationalen Studierendengruppe ändert sich in den verbleibenden drei Jahresquartalen, da die Semesterzeiten an den ausländischen Partnerhochschulen unterschiedlich verlaufen. Um einen repräsentativeren Querschnitt zu den Erwartungshaltungen der multikulturellen Studierendengruppe zu erhalten, müsste sich die Studie über ein gesamtes Studienjahr hinweg erstrecken. Gleiches gilt für die Gruppe der nationalen Studierenden. Ihr verstärkter Wunsch nach interkulturellem Austausch in den Lehrveranstaltungen kann auf den Studiengang zurückgeführt werden. So ist bei den Studierenden von International Business eine höhere Sensibilisierung für einen interkulturellen Austausch zu erwarten als bei anderen Studiengängen. Sollten sich tatsächlich mehr Studiengänge für das ISP öffnen, könnten sich die Erwartungshaltungen hinsichtlich der Ausgestaltung der Lehrveranstaltungen verschieben.

Letztendlich muss auch der verwendete Kulturbegriff reflektiert werden. Wie sich bereits bei der sprachlichen Differenzierung in nationale und internationale Studierende gezeigt hat, wird der geschlossene Kulturbegriff in der Praxis häufig benutzt. Dies korrespondiert mit Baumanns (1999) Erkenntnissen, nach denen die Verwendung des prozessualen und damit offenen Kulturbegriffs zwar von der Wissenschaft aus erwünscht ist, im Alltag die Akteure allerdings den geschlossenen Kulturbegriff zur Schaffung und Abgrenzung der eigenen Identität benutzen. In der vorliegenden Arbeit diente der geschlossene Kulturbegriff dazu, Unterschiede bei den Mitgliedern einer sozialen Lebenswelt auszudrücken. So haben ausnahmslos alle zitierten Studien den geschlossenen Kulturbegriff verwendet. Es ist daher festzuhalten, dass sich eine Hochschule zwar dem offenen Kulturbegriff zuordnen lässt, zur Darstellung der Unterschiede von Teilhabern dieser sozialen Lebenswelt die Benutzung des geschlossenen Kulturbegriffs aber unumgänglich ist.

7 Schlussbetrachtung

7.1 Fazit

Aufgrund der Internationalisierung deutscher Hochschulen setzt sich die Gruppe der Studierenden zunehmend aus Mitgliedern unterschiedlicher Kulturen zusammen. Diese Multikulturalität stellt gewisse Anforderungen an die Hochschullehrerinnen, die die Gruppen unterrichten. Die vorliegende Untersuchung ging deshalb der Frage nach, welche interkulturellen Lehrkompetenzen Dozentinnen benötigen, wenn sie Lehrveranstaltungen mit multikulturellen Gruppen durchführen. Das Forschungsfeld wurde dabei auf die Hochschulart der DHBW eingegrenzt.

Der Arbeit wurde zunächst der offene Kulturbegriff nach Bolten (2015) zugrunde gelegt und anschließend die beiden Begriffe Multikulturalität und Interkulturalität voneinander abgegrenzt.

Die Diskussion der Konstrukte zu Kompetenz, interkultureller Kompetenz und akademischer Lehrkompetenz zeigte, dass eine Disziplinen übergreifende Einigung darüber besteht, dass sich Kompetenz aus kaum veränderbaren persönlichkeitsimmanenten Merkmalen und erlernbaren Fertigkeiten zusammensetzt. Diese Elemente fanden daher Eingang in die Definition zu interkultureller Lehrkompetenz. Für einen klar eingegrenzten Zielkorridor wurde die Erreichung der jeweiligen Lehr-Lernziele als Handlungsziel für die Dozentinnen festgelegt.

In der Darstellung des aktuellen Forschungsstands zu interkultureller Lehrkompetenz wurde deutlich, dass es bislang noch kaum zu Verknüpfungen von theoriegeleiteten Annahmen aus der interkulturellen Kommunikation und empirischen Ergebnissen aus dem sekundären Bildungsbereich gekommen ist. Die Relevanz einer empirischen Untersuchung zu interkulturellen Kompetenzen in Lehrveranstaltungen an Hochschulen mit kulturell heterogenen Gruppen wurde dadurch umso deutlicher.

Der empirischen Untersuchung wurde zunächst ein Bezugsrahmen vorangestellt, der die Einflussfaktoren auf das interkulturelle Arbeitsfeld verdeutlichte. Diese wurden anhand eines Zwei-Ebenen-Modells dargestellt, das auf der Makroebene organisationale Elemente der DHBW und auf der Mikroebene Komponenten des konkreten Handlungsfelds umfasste. Aus diesem Bezugsrahmen resultierten diverse

Bewältigungsfaktoren für Dozentinnen, die in das Kategoriensystem der qualitativen Inhaltsanalyse einflossen, die zur Datenauswertung herangezogen wurde. Die Daten wurden anhand einer Triangulation erhoben, die Befragungen internationaler und nationaler Studierender nach der Hard-Laddering-Methode, Experteninterviews mit Dozentinnen und teilnehmende Beobachtungen in Vorlesungen umfasste. Die qualitative Inhaltsanalyse folgte allerdings nicht nur einem deduktiven Ansatz, sondern wurde nach Gläser/Laudel (2010) auch induktiv angewendet, um fremdkulturellen Perspektiven gegenüber offener zu sein.

Die Ergebnisse der Datenauswertung mündeten in ein Kompetenzprofil, das durch das qualitativ ausgerichtete Forschungsdesign nicht generalisiert werden kann. Neben den Kompetenzbezeichnungen enthält das Profil auch Beschreibungen zu den einzelnen Kompetenzen. Die insgesamt 13 Dimensionen der interkulturellen Lehrkompetenz können den Teilbereichen der beruflichen Handlungskompetenz zugeordnet werden. Dadurch bestätigt sich einmal mehr, dass die Komplexität interkultureller Arbeitsfelder dazu führt, dass die darin agierenden Personen unterschiedlichste Teilkompetenzen benötigen, um effektiv handeln zu können. Das Kompetenzprofil unterscheidet ferner zwischen erlernbaren und nicht erlernbaren Komponenten. In Auswahlverfahren kann daher zukünftig ein Fokus auf die persönlichkeitsimmanenten Merkmale der Bewerber gelegt werden, während sich die Ausgestaltung von Weiterbildungsmaßnahmen gezielt den erlernbaren Elementen widmen sollte.

7.2 Ausblick

Ziel war zunächst, die relevanten interkulturellen Kompetenzen zu erfassen, die Dozentinnen an der DHBW für multikulturelle Studierendengruppen benötigen. Die von Krumm/Mertin/Dries (2012) geforderte graduelle Abstufung von Kompetenzen erfolgte noch nicht. Dies könnte mithilfe einer Befragung – z.B. mit quantitativen Forschungsmethoden – erreicht werden. Durch die Exploration der interkulturellen Lehrkompetenz anhand des qualitativen Methodeneinsatzes stehen adäquate Operationalisierungen für ein weiteres quantitatives Vorgehen zur Verfügung (Oswald 2013). Durch eine quantitative Forschung könnte das Kompetenzprofil ferner zu einem Kompetenzmodell weiterentwickelt werden, in dem hierarchische Bezüge und Interdependenzen abgebildet werden.

Gehen die Dozentinnen dem vielfach geäußerten Wunsch der Studierenden nach und behalten ihren üblichen Lehrstil bei, ist damit noch nicht geklärt, wie effektiv die internationalen Studierenden lernen. Ein experimentelles Versuchsdesign mit Studierendengruppen, die nach dem gängigen Lehrstil unterrichtet werden, und Gruppen, die eine kultursensiblere Lehre erfahren, könnte darüber Aufschluss geben.

Zusammenfassend bleibt festzuhalten, dass Forschungen im Bereich der Hochschuldidaktik zukünftig verstärkt die interkulturellen Aspekte der Hochschullehre aufgreifen müssen und deren Ergebnisse Eingang in hochschuldidaktische Weiterbildungsmaßnahmen finden sollten. Dadurch kann die von der GWK (2013) geforderte hochwertige Lehre in einem internationalisierten Hochschulumfeld sichergestellt werden. Gleichzeitig entsprechen die Hochschulen damit aber auch den Anforderungen, die sich aus den gesellschaftlichen Änderungen im Rahmen einer verstärkten Zuwanderung nach Deutschland ergeben.

Abbildungsverzeichnis

Abb. 1: Bestandteile von Kompetenz ___ 18
Abb. 2: Regensburger Kompetenzmodell der Hochschuldidaktik ___ 26
Abb. 3: Strukturmodell interkultureller Kompetenz ___ 27
Abb. 4: Übersicht zu Forschungen zu interkultureller Lehrkompetenz ___ 29
Abb. 5: Bezugsrahmen interkultureller Lehr-Lernsituationen an der DHBW ___ 36
Abb. 6: Berufliche Handlungskompetenz als Bildungsziel der DHBW ___ 39
Abb. 7: Aufbau des Forschungsdesigns ___ 57
Abb. 8: Ablauf der inhaltlichen Strukturierung ___ 70
Abb. 9: Vorgehen bei der Datenaufbereitung der Experteninterviews und teilnehmenden Beobachtungen ___ 72
Abb. 10: Vorgehen bei der Datenaufbereitung der Fragebögen der Studierenden ___ 73
Abb. 11: Erwartungen der internationalen Studierenden an die Dozentinnen ___ 74
Abb. 12: Erwartungen der internationalen Studierenden an die nationalen Studierenden ___ 76
Abb. 13: Erwartungen der internationalen Studierenden an die Lehrveranstaltungen 78
Abb. 14: Erwartungen der nationalen Studierenden an die Dozentinnen ___ 80
Abb. 15: Erwartungen der nationalen Studierenden an die internationalen Studierenden ___ 83
Abb. 16: Erwartungen der nationalen Studierenden an die Lehrveranstaltungen ___ 85
Abb. 17: Hauptkategorien und ihre Ladung als Ergebnis der Experteninterviews ___ 87
Abb. 18: Hauptkategorien und ihre Ladung als Ergebnis der teilnehmenden Beobachtungen ___ 94
Abb. 19: Interkulturelle Lehrkompetenz als Handlungskompetenz ___ 106
Abb. 20: Tiefenstruktur der zentralen Kompetenzen von interkultureller Lehrkompetenz ___ 107
Abb. 21: Tiefenstruktur der Fach- und Methodenkompetenzen von interkultureller Lehrkompetenz ___ 108
Abb. 22: Tiefenstruktur der persönlichen Kompetenzen von interkultureller Lehrkompetenz ___ 109
Abb. 23: Tiefenstruktur der sozialen Kompetenzen von interkultureller Lehrkompetenz ___ 110

Abkürzungsverzeichnis

CoP	Community of Practice
D1	Bezeichnung der Probandinnen in den Experteninterviews: Dozentin 1
DHBW	Duale Hochschule Baden-Württemberg
DZHW	Deutsches Zentrum für Hochschul- und Wissenschaftsforschung
EI	Experteninterview
ELF	Englisch als Lingua franca
GWK	Gemeinsame Wissenschaftskonferenz
HRK	Hochschulrektorenkonferenz
IB	International Business; Studiengang an der DHBW Ravensburg
iS1	Bezeichnung der Probandinnen in den Befragungen der Studierenden: internationale Studierende 1
ISP	International Study Program; Programm mit englischsprachigen Lehrveranstaltungen für internationale Studierende an der DHBW Ravensburg
LHG	Landeshochschulgesetz
nS1	Bezeichnung der Probandinnen in den Befragungen der Studierenden: nationale Studierende 1
OECD	Organisation for Economic Co-operation and Development
StuPrO	Studien- und Prüfungsordnung
SVR	Sachverständigenrat deutscher Stiftungen für Integration und Migration
TB	teilnehmende Beobachtung

Quellenverzeichnis

Baacke, Dieter (2012): Pädagogik. In: Flick, Uwe; von Kardorff, Ernst; Keupp, Heiner; von Rosenstiel, Lutz; Wolff, Stephan (Hrsg.): Handbuch Qualitative Sozialforschung. Grundlagen, Konzepte, Methoden und Anwendung. 3., neu ausgestatt. Aufl., Weinheim: Beltz, 44-47.

Balderjahn, Ingo; Scholderer, Joachim (2007): Konsumentenverhalten und Marketing. Grundlagen für Strategien und Maßnahmen. Stuttgart: Schäffer-Poeschel.

Barié-Wimmer, Friederike; von Helmolt, Katharina; Zimmermann, Bernhard (2014): Einleitung. In: Barié-Wimmer, Friederike; von Helmolt, Katharina; Zimmermann, Bernhard (Hrsg.): Interkulturelle Arbeitskontexte. Beiträge zur empirischen Forschung. Stuttgart: ibidem, 9-16.

Barmeyer, Christoph I. (2004): Learning styles and their impact on cross-cultural training: An international comparison in France, Germany and Quebec. In: International Journal of Intercultural Relations, 28/2004, 577-594.

Baumann, Gerd (1999): The Multicultural Riddle. Rethinking National, Ethnic, and Religious Identities. New York: Routledge.

Bender-Szymanski, Dorothea (2013): Interkulturelle Kompetenz bei Lehrerinnen und Lehrern aus der Sicht der empirischen Bildungsforschung. In: Auernheimer, Georg (Hrsg.): Interkulturelle Kompetenz und pädagogische Professionalität. 4., durchges. Aufl., Wiesbaden: Springer VS, 201-227.

Bennewitz, Hedda (2013): Entwicklungslinien und Situation des qualitativen Forschungsansatzes in der Erziehungswissenschaft. In: Friebertshäuser, Barbara; Langer, Antje; Prengel, Annedore (Hrsg.): Handbuch Qualitative Forschungsmethoden in der Erziehungswissenschaft. 4., durchgeseh. Aufl., Weinheim: Beltz Juventa, 43-59.

Bertels, Ursula; Bußmann, Claudia (2013): Handbuch Interkulturelle Didaktik. Münster: Waxmann.

Bertelsmann Stiftung (2006): Interkulturelle Kompetenz - Schlüsselkompetenz des 21. Jahrhunderts? Thesenpapier der Bertelsmann Stiftung auf Basis der Interkulturellen-Kompetenz-Modelle von Dr. Darla K. Deardorff. Gütersloh: Bertelsmann Stiftung.

Björkman, Beyza (2013): English as an Academic Lingua Franca. An Investigation of Form and Communicative Effectiveness. Boston: De Gruyter.

Bolten, Jürgen (2007): Einführung in die Interkulturelle Wirtschaftskommunikation. Göttingen: Vandenhoeck & Ruprecht.

Bolten, Jürgen (2015): Einführung in die Interkulturelle Wirtschaftskommunikation. 2., überarb. und erw. Aufl., Göttingen: Vandenhoeck & Ruprecht.

Bosse, Elke; Grigorieva, Ioulia (2013): *Community of Practice* an der Hochschule: Kollegialer Austausch zu kultureller Diversität & Gender. In: von Helmolt, Katharina; Berkenbusch, Gabriele; Jia, Wenjian (Hrsg.): Interkulturelle Lernsettings. Konzepte - Formate - Verfahren, Stuttgart: ibidem, 267-290.

Bouchard, Julie (2011): Understanding international student's silence in the graduate classroom: problems and solutions. In: Southwest Teaching and Learning Journal, Vol. 1, No. 1, Fall 2011, 125-141.

Breidenstein, Georg; Hirschauer, Stefan; Kalthoff, Herbert; Nieswand, Boris (2015): Ethnografie. Die Praxis der Feldforschung. 2., überarb. Aufl., Konstanz: UVK Verlagsgesellschaft.

Burr, Vivien (2015): Social Constructionism. 3rd ed., Hove: Routledge.

Deardorff, Karla (2006): The Identification and Assessment of Intercultural Competence as a Student Outcome of Internationalization at Institutions of Higher Education in the United States. In: Journal of Studies in International Education, Vol. 10, No. 3, Fall 2006, 241-266.

DHBW (2011a): Studien- und Ausbildungsverträge. [online: http://www.dhbw.de/die-dhbw/dokumente.html#tab-649-10, 23.10.2015].

DHBW (2011b): Modulbeschreibungen Theorie. Studiengang BWL. Studienrichtung International Business. (Bachelor). Stand 20. Juli 2011. [online: http://www.ravensburg.dhbw.de/fileadmin/Ravensburg/Dokumente_Bilder_ Contentbereich/International_Business/Allgemein/DHBW_RV_IB_ Modulbeschreibungen_Theorie.pdf, 30.04.2016].

DHBW (2011c): Modulbeschreibungen Praxis. Studiengang BWL. Studienrichtung International Business. Stand 20.11.2011. [online: http://www.ravensburg.dhbw.de/fileadmin/Ravensburg/Dokumente_Bilder_ Contentbereich/International_Business/Allgemein/Modulbeschreibungen_Praxis _ab_IB11.pdf, 30.04.2016].

DHBW (2014): International Exchange and Study Programs in English. Informationsbroschüre. [online: http://www.dhbw.de/fileadmin/user_ upload/Dokumente/Broschueren_Handbuch_Betriebe/International_Exchange_a nd_Study_Programs_in_English.pdf, 27.12.2015].

DHBW (2015a): Das Duale Original: Hochschulstudium mit Zukunft. Informationsbroschüre zum Studium an der DHBW. [online: http://www. dhbw.de/fileadmin/user_upload/Dokumente/Broschueren_Handbuch_ Betriebe/DHBW_Imageflyer_Deutsch.pdf, 02.01.2016].

DHBW (2015b): Amtliche Bekanntmachungen der Dualen Hochschule Baden-Württemberg. Nr. 23/2015. (29. September 2015). Studien- und Prüfungsordnung für die Bachelorstudiengänge im Studienbereich Wirtschaft der Dualen Hochschule Baden-Württemberg (DHBW) (Studien- und Prüfungsordnung DHBW Wirtschaft-StuPrO DHBW Wirtschaft). Vom 29. September 2015. [online: http://www.dhbw.de/fileadmin/user_upload/ Dokumente/Amtliche_Bekanntmachungen/2015/23_2015_Bekanntmachung_ StuPrO_DHBW_Wirtschaft.pdf, 06.01.2016].

DHBW (2016a): Die erste deutsche State University. [online: http://www.dhbw.de/die-dhbw/wir-ueber-uns.html, 02.01.2016].

DHBW (2016b): Vorlesungsverzeichnis 04.04.2016-18.06.2016, Kurs 2013 IB 1 (A-Phase), 6. Hj. [online: http://www.ravensburg.dhbw.de/fileadmin/ Ravensburg/Dokumente_Bilder_Contentbereich/International_Business/Studiere nde/Vorlesungsverzeichnisse/Vorl_IB_I_13_6._Hj.pdf, 30.04.2016].

DHBW (2016c): Studiengangsflyer BWL-International Business. [online: http://www.ravensburg.dhbw.de/fileadmin/Ravensburg/Dokumente_Bilder_Con tentbereich/International_Business/DHBW_RV_BWL_InternationalBusiness.pd f, 30.04.2016].

DHBW (2016d): Übersicht internationale Partnerhochschulen der DHBW Ravensburg. [online: http://www.ravensburg.dhbw.de/service-einrichtungen/ international-office.html#Internationale Partnerhochschulen, 30.04.2016].

Düll, Nicola; Helmolt, Katharina von; Prieto-Peral, Begoña (2014): Internationale Migration: Bedarf an neuen Studienangeboten und interkulturelle Öffnung der Hochschule: In: Düll, Nicola; Helmolt, Katharina von; Prieto Peral, Begoña; Rappenglück, Stefan; Thurau, Lena (Hrsg.): Migration und Hochschule. Herausforderungen für Politik und Bildung. Stuttgart: ibidem, 45 – 74.

DZHW (2016): Wissenschaft weltoffen Kompakt. Daten und Fakten zur Internationalität von Studium und Forschung in Deutschland. [online: http://www.wissenschaftweltoffen.de/kompakt/wwo2016_kompakt_de.pdf, 30.04.2016].

Erpenbeck, John (2010): Kompetenzen - eine begriffliche Klärung. In: Heyse, Volker; Erpenbeck, John; Ortmann, Stefan (Hrsg.): Grundstrukturen menschlicher Kompetenzen. Praxiserprobte Konzepte und Instrumente. Münster: Waxmann, 13-19.

Fiehn, Janina; Spieß, Stefan; Ceylan, Firat; Harteis, Christian; Schworm, Silke (2012): LehreProfi - Instrument zur Erfassung hochschuldidaktischer Kompetenz. In: Egger, Rudolf; Merkt, Marianne (Hrsg.): Lernwelt Universität. Entwicklung von Lehrkompetenz in der Hochschullehre. Wiesbaden: Springer VS, 45-62.

Firth, Alan (2009): The *lingua franca* factor. In: Intercultural Pragmatics, Vol 6, Issue 2, 2009, 147-170.

Flick, Uwe (2011): Triangulation. Eine Einführung. 3., aktual. Aufl., Wiesbaden: VS Verlag für Sozialwissenschaften.

Friebertshäuser, Barbara; Panagiotopoulou, Argyro (2013): Ethnografische Feldforschung. In: Friebertshäuser, Barbara; Langer, Antje; Prengel, Annedore (Hrsg.): Handbuch Qualitative Forschungsmethoden in der Erziehungswissenschaft. 4., durchgeseh. Aufl., Weinheim: Beltz Juventa, 301-322.

Fuchs, Johann; Söhnlein, Doris (2013): Projektion der Erwerbsbevölkerung bis zum Jahr 2060. IAB Forschungsbericht 10/2013. [online: http://doku.iab.de/forschungsbericht/2013/fb1013.pdf, 11.10.2015].

Gläser, Jochen; Laudel, Grit (2010): Experteninterviews und qualitative Inhaltsanalyse als Instrumente rekonstruierender Untersuchungen. 4. Aufl., Wiesbaden: VS Verlag für Sozialwissenschaften.

Grunert, Klaus G.; Grunert, Suzanne C. (1995): Measuring subjective meaning structures by the laddering method: Theoretical considerations and methodological problems. In: International Journal of Research in Marketing, 12/1995, 209-225.

GWK (2013): Strategie der Wissenschaftsminister/innen von Bund und Ländern für die Internationalisierung der Hochschulen in Deutschland. (Beschluss der 18. Sitzung der Gemeinsamen Wissenschaftskonferenz am 12. April 2013 in Berlin) [online: http://www.bmbf.de/pubRD/Internationalisierungsstrategie_ GWK-Beschluss_12_04_13.pdf, 26.08.2015].

Hallet, Wolfgang (2013): Ansätze, Konzepte und Aufgaben einer literatur- und kulturwissenschaftlichen Hochschuldidaktik. Eine Einleitung. In: Hallet, Wolfgang (Hrsg.): Literatur- und kulturwissenschaftliche Hochschuldidaktik. Konzepte, Methoden, Lehrbeispiele. Trier: Wissenschaftlicher Verlag, 3-24.

Heese, Renate; Rappenglück, Stefan (2014): Mehr Heterogenität in Lehrveranstaltungen? Ja, gerne! Überlegungen zu einer „differenziell-inklusiven Didaktik" für multikulturelle Studiengruppen in berufsbegleitenden Studiengängen. In: Düll, Nicola; Helmolt, Katharina von; Prieto Peral, Begoña; Rappenglück, Stefan; Thurau, Lena (Hrsg.): Migration und Hochschule. Herausforderungen für Politik und Bildung. Stuttgart: ibidem, 153-175.

Heiner, Matthias (2013): Referenzen für die Modellierung der Kompetenzentwicklung in der Lehre. Theoretische Anschlüsse - methodische Implikationen. In: Heiner, Matthias; Wildt, Johannes (Hrsg.): Professionalisierung der Lehre. Perspektiven formeller und informeller Entwicklung von Lehrkompetenz im Kontext der Hochschulbildung. Bielefeld: Bertelsmann, 61-81.

Heiner, Matthias; Wildt, Johannes (2013): Professionalisierung von Lehrkompetenz. Rhizomatische Strukturierung, Potentiale, Diversität und Integration. ProfiLe-Teilprojekt Dortmund. In: Heiner, Matthias; Wildt, Johannes (Hrsg.): Professionalisierung der Lehre. Perspektiven formeller und informeller Entwicklung von Lehrkompetenz im Kontext der Hochschulbildung. Bielefeld: Bertelsmann, 157-178.

Helmolt, Katharina von (2014): Interkulturelle Performanz. Zur Bedeutung empirischer Untersuchungen interkultureller Arbeitskontexte. In: Barié-Wimmer, Friederike; von Helmolt, Katharina; Zimmermann, Bernhard (Hrsg.): Interkulturelle Arbeitskontexte. Beiträge zur empirischen Forschung. Stuttgart: ibidem, 93-116.

Heublein, Ulrich (2015): Von den Schwierigkeiten des Ankommens. Überlegungen zur Studiensituation ausländischer Studierender an den deutschen Hochschulen. In: Die Neue Hochschule, 1/2015, 14-17.

Heyse, Volker (2007): Strategien – Kompetenzanforderungen – Potenzialanalysen. In: Kompetenzmanagement. Methoden, Vorgehen, KODE® und KODE®X im Praxistext. Münster: Waxmann, 11-179.

Heyse, Volker; Erpenbeck, John (2010): Qualitätsanforderungen an KODE®. In: Heyse, Volker; Erpenbeck, John; Ortmann, Stefan (Hrsg.): Grundstrukturen menschlicher Kompetenzen. Praxiserprobte Konzepte und Instrumente. Münster: Waxmann, 21-54.

HRK (2011): Empfehlung der 11. Mitgliederversammlung der HRK am 22.11.2011. Sprachenpolitik an deutschen Hochschulen. [online: http://www.hrk.de/uploads/media/Empfehlung_Sprachenpolitik_MV_22112011.pdf, 27.12.2015].

Hug, Theo (2015): Die Paradoxie der Erziehung. Der Konstruktivismus in der Pädagogik. In: Pörksen, Bernhard (Hrsg.): Schlüsselwerke des Konstruktivismus. 2., erw. Aufl., Wiesbaden: Springer VS, 451-471.

Jenkins, Jennifer (2011): Accommodating (to) ELF in the international university. In: Journal of Pragmatics, 43/2011, 926-936.

Joy, Simy; Kolb, David A. (2009): Are there cultural differences in learning style? In: International Journal of Intercultural Relations, 33/2009, 69-85.

Kaschuba, Gerrit; Derichs-Kunstmann, Karin (2009): Fortbildung - gleichstellungsorientiert! Arbeitshilfen zur Integration von Gender-Aspekten in Fortbildungen. Berlin: Bundesministerium für Familien, Senioren, Frauen und Jugend.

Keiner, Edwin (2015): Pädagogik, Erziehungswissenschaft, Bildungswissenschaft, Empirische Bildungsforschung - Begriffe und funktionale Kontexte. In: Glaser, Edith; Keiner, Edwin (Hrsg): Unscharfe Grenzen - eine Disziplin im Dialog. Pädagogik, Erziehungswissenschaft, Bildungswissenschaft, Empirische Bildungsforschung. Bad Heilbrunn: Klinkhardt, 13-34.

Kelle, Helga (2013): Komplexität als Problem qualitativer Forschung. In: Friebertshäuser, Barbara; Langer, Antje; Prengel, Annedore (Hrsg.): Handbuch Qualitative Forschungsmethoden in der Erziehungswissenschaft. 4., durchgeseh. Aufl., Weinheim: Beltz Juventa, 101-118.

Knapp, Annelie (2011): Using English as a lingua franca for (mis-)managing conflict in an international university context: An example from a course in engineering. In: Journal of Pragmatics, 43/2011, 978-990.

Kochinka, Alexander (2007): Beobachtung. In: Straub, Jürgen; Weidemann, Arne; Weidemann, Doris (Hrsg.): Handbuch interkulturelle Kommunikation und Kompetenz. Grundbegriffe - Theorien – Anwendungsfelder. Stuttgart: J.B. Metzler, 325-334.

Krumm, Stefan; Mertin, Inga; Dries, Christian (2012): Kompetenzmodelle. Göttingen: Hogrefe.

Kuß, Alfred; Wildner, Raimund; Kreis, Henning (2014): Marktforschung. Grundlagen der Datenerhebung und Datenanalyse. 5., vollst. überarb. und erw. Aufl., Wiesbaden: Springer.

Langer, Antje (2013): Transkribieren - Grundlagen und Regeln. In: Friebertshäuser, Barbara; Langer, Antje; Prengel, Annedore (Hrsg.): Handbuch Qualitative Forschungsmethoden in der Erziehungswissenschaft. 4., durchgeseh. Aufl., Weinheim: Beltz Juventa, 515-526.

Leenen, Wolf Rainer; Stumpf, Siegfried; Scheitza, Alexander (2014). „Interkulturelle Kompetenz" in der Personalauswahl - Konzeptionalisierung und Integration in bestehende Auswahlsysteme. In: Barié-Wimmer, Friederike; von Helmolt, Katharina; Zimmermann, Bernhard (Hrsg.): Interkulturelle Arbeitskontexte. Beiträge zur empirischen Forschung. Stuttgart: ibidem, 227-257.

LHG (2015): Gesetz über die Hochschulen in Baden-Württemberg. (Landeshochschulgesetz LHG vom 01. Januar 2005, in der Fassung vom 05.12.2015).

Li, Xiaoshi; Jia, Xuerui (2006): Why Don't You Speak Up?: East Asian Students' Participation Patterns in American and Chinese ESL Classrooms. In: Intercultural Communication Studies XV: 1/2006, 192-206.

Luo, Xun; Kück, Sebastian (2011): Gibt es Lernstile, die kulturspezifisch sind? Eine interkulturelle Annäherung an das Lernstilkonzept anhand einer vergleichenden Untersuchung am Beispiel deutscher und chinesischer Studenten. In: interculture journal. Online-Zeitschrift für interkulturelle Studien, Jg. 10, Ausgabe 15, 37-61.

Marlina, Roby (2009): *"I don't talk or I decide not to talk? Is it my culture?* − International students' experiences of tutorial participation. In: International Journal of Educational Research, 48/2009, 235-244.

Mayring, Philipp (2015): Qualitative Inhaltsanalyse. Grundlagen und Techniken. 12., überarb. Aufl., Weinheim: Beltz.

Mayring, Philipp; Brunner, Eva (2013): Qualitative Inhaltsanalyse. In: Friebertshäuser, Barbara; Langer, Antje; Prengel, Annedore (Hrsg.): Handbuch Qualitative Forschungsmethoden in der Erziehungswissenschaft. 4., durchgeseh. Aufl., Weinheim: Beltz Juventa, 323-333.

Merk, Hans-Joachim; Braun, Stefan (2010): Handbuch >>Lehre<< an der Dualen Hochschule. Heidenheim: Zentrum für Hochschuldidaktik und Personalentwicklung der Dualen Hochschule Baden-Württemberg (ZHP). [online: http://www.ravensburg.dhbw.de/fileadmin/Ravensburg/Dokumente_ Bilder_Contentbereich/Lehrbeauftragte/zhp_handbuch_lehre2010_prot.pdf 02.01.2016].

Merkens, Hans (2007): Teilnehmende Beobachtung: Grundlagen - Methoden - Anwendung. In: Weigand, Gabriele; Hess, Remi (Hrsg.): Teilnehmende Beobachtung in interkulturellen Situationen. Frankfurt: Campus, 23-38.

Meuser, Michael; Nagel, Ulrike (2013): Experteninterviews - wissenssoziologische Voraussetzungen und methodische Durchführung. In: Friebertshäuser, Barbara; Langer, Antje; Prengel, Annedore (Hrsg.): Handbuch Qualitative Forschungsmethoden in der Erziehungswissenschaft. 4., durchgeseh. Aufl., Weinheim: Beltz Juventa, 457-471.

Möllerwessel, Ellen (2015): Erfahrungen ausländischer Studierender im Verlauf eines Auslandssemesters an der Technischen Universität Chemnitz – eine fallvergleichende Panelstudie. In: Held, Susanne; Schreiter, Miriam (Hrsg.): Studien zur Erforschung interkultureller Kommunikation. Chemnitz: Universitätsverlag Chemnitz, 75-109.

Nerdinger, Friedemann W.; Blickle, Gerhard; Schaper, Niclas (2014): Arbeits-und Organisationspsychologie. 3., vollst. überarb. Aufl., Berlin: Springer.

Nicklas, Hans (2007): Teilnehmende Beobachtung in interkulturellen Situationen. In: Weigand, Gabriele; Hess, Remi (Hrsg.): Teilnehmende Beobachtung in interkulturellen Situationen. Frankfurt: Campus, 62-71.

Nisbett, Richard E.; Miyamoto, Yuri (2005): The influence of culture: holistic versus analytic perception. In: TRENDS in Cognitive Science. Vol 9, No. 10, October 2006, 467-473.

OECD (2013): Education Indicators in Focus. 2013/05 (July). [online: http://www.oecd.org/education/skills-beyond-school/EDIF%202013--N%C2%B014%20%28eng%29-Final.pdf, 11.10.2015].

Oswald, Hans (2013): Was heißt qualitativ forschen? Warnungen, Fehlerquellen, Möglichkeiten. In: Friebertshäuser, Barbara; Langer, Antje; Prengel, Annedore (Hrsg.): Handbuch Qualitative Forschungsmethoden in der Erziehungswissenschaft. 4., durchgeseh. Aufl., Weinheim: Beltz Juventa, 183-201.

Otten, Matthias; Hertlein, Sandra; Teekens, Hanneke (2013): Hochschullehre als interkulturelles Lernsetting. In: von Helmolt, Katharina; Berkenbusch, Gabriele; Jia, Wenjian (Hrsg.): Interkulturelle Lernsettings. Konzepte - Formate - Verfahren, Stuttgart: ibidem, 243-266.

Over, Ulf; Mienert, Malte (2010): Dimensionen Interkultureller Kompetenz aus Sicht von Lehrkräften. In: interculture journal. Online-Zeitschrift für interkulturelle Studien, Jg. 9, Ausgabe 12, 33-50.

Pfäffli, Brigitta (2015): Lehren an Hochschulen. Eine Hochschuldidaktik für den Aufbau von Wissen und Kompetenzen. 2., überarb. und erw. Aufl., Bern: Haupt.

Pölzl, Ulrike; Seidlhofer, Barbara (2006): In and on their own terms: the "habitat factor" in English as a lingua franca interactions. In: International Journal of the Sociology of Language, 177/2006, 151-176.

Rathje, Stefanie (2006): Interkulturelle Kompetenz - Zustand und Zukunft eines umstrittenen Konzepts. In: Zeitschrift für Interkulturellen Fremdsprachenunterricht, 11 (3), 1-21.

Reinmann, Gabi; Jenert, Tobias (2011): Studierendenorientierung: Wege und Irrwege eines Begriffs mit vielen Facetten. In: Zeitschrift für Hochschulentwicklung, Jg. 6/Nr. 2, Juni 2011, 106-122.

Reynolds, Thomas J.; Gutman, Jonathan (1988): Laddering Theory, Method, Analysis, and Interpretation. In: Journal of Advertising Research, February/March 1988, 11-31.

Rösch, Olga (2015): Internationalisierung der Hochschule - was sind *unsere* Ziele? In: Die Neue Hochschule, 1/2015, 18-24.

Ryan, Janette; Viete, Rosemary (2009): Respectful interactions: learning with international students in the English-speaking academy. In: Teaching in Higher Education, Vol 14, No. 3, June 2009, 303-314.

Schaper, Niclas (2012): Fachgutachten zur Kompetenzorientierung in Studium und Lehre. HRK-Fachgutachten ausgearbeitet für die HRK. [online: http://www.hrk-nexus.de/fileadmin/redaktion/hrk-nexus/07-Downloads/07-02-Publikationen/fachgutachten_ kompetenzorientierung .pdf, 15.03.2016].

Schlag, Bernhard (2013): Lern- und Leistungsmotivation. 4., überarb. und aktual. Aufl., Wiesbaden: Springer VS.

Schwartz, Shalom H. (1992): Universals in the Content and Structure of Values: Theoretical Advances and Empirical Tests in 20 Countries. In: Zanna, Mark P. (Ed.): Advances in Experimental Social Psychology, Vol 25, San Diego: Academic Press, 1-65.

Schwartz, Shalom H.; Cieciuch, Jan; Vecchione, Michele; Davidov, Eldad; Fischer, Ronald; Beierlein, Constanze; Ramos, Alice; Verkasalo Markku; Lönnqvist, Jan-Erik; Demirutku, Kursad; Dirilen-Gumus, Ozlem; Konty, Mark (2012): Refining the theory of basic individual values. In: Journal of Personality and Social Psychology, Vol 103(4), Oct 2012, 663-688.

Smykalla, Sandra (2013): Heterogenität gerecht werden - aber wie? Inkludierende Diversitätsperspektiven in Studium & Lehre. Präsentation auf der 42. dghd-Jahrestagung am 05.03.2016 in Magdeburg. [online: http://dghd-tagung-2013.hs-magdeburg.de/downloads/vortraege/smykalla_heterogenitaet.pdf, 04.03.2016].

Statistisches Bundesamt (2014): Bildung und Kultur. Studierende an Hochschulen. Wintersemester 2013/2014. [online: https://www. destatis.de/DE/ Publikationen/Thematisch/BildungForschungKultur/Hochschulen/StudierendeHochschulenEndg2110410147004.pdf?__blob=publicationFile, 25.08.2015].

Straub, Jürgen (2007): Kompetenz. In: Straub, Jürgen; Weidemann, Arne; Weidemann, Doris (Hrsg.): Handbuch interkulturelle Kommunikation und Kompetenz. Grundbegriffe - Theorien - Anwendungsfelder. Stuttgart: J.B. Metzler, 35-46.

Straub, Ute; Schirmer, Ute (2010): Die Hochschule als interkultureller Lernort. Zwischen Mobilität und Migration. In: Sozialmagazin: die Zeitschrift für soziale Arbeit. 35. Jhg, 10/2010, 34-43.

Strübing, Jörg (2013): Qualitative Sozialforschung: eine komprimierte Einführung für Studierende. München: Oldenbourg.

SVR (2015): Zugangstor Hochschule. Internationale Studierende als Fachkräfte von morgen gewinnen. Studie des SVR-Forschungsbereichs 2015-2. Berlin. [online: http://www.svr-migration.de/wp-content/ uploads/2015/06/Studie_ Zugangstor-Hochschule_SVR-FB_Web.pdf, 24.08.2015].

Thomas, Alexander (2011): Interkulturelle Handlungskompetenz. Versiert, angemessen und erfolgreich im internationalen Geschäft. Wiesbaden: Gabler.

Trautwein, Caroline (2013): Struktur und Entwicklung akademischer Lehrkompetenz. Die Bedeutsamkeit individueller Lehr-Lern-Überzeugungen. In: Heiner, Matthias; Wildt, Johannes (Hrsg.): Professionalisierung der Lehre. Perspektiven formeller und informeller Entwicklung von Lehrkompetenz im Kontext der Hochschulbildung. Bielefeld: Bertelsmann, 83-129.

Trautwein, Caroline; Merkt, Marianne (2013): Struktur und Entwicklung von Lehrkompetenz im Spannungsfeld von Überzeugungen, Konzepten und Praxis von Lehren und Lernen. In: Heiner, Matthias; Wildt, Johannes (Hrsg.): Professionalisierung der Lehre. Perspektiven formeller und informeller Entwicklung von Lehrkompetenz im Kontext der Hochschulbildung. Bielefeld: Bertelsmann, 179-210.

Tremp, Peter (2012): Universitäre Didaktik: Einige Überlegungen zu Lehrkompetenzen an Universitäten. In: Egger, Rudolf; Merkt, Marianne (Hrsg.): Lernwelt Universität. Entwicklung von Lehrkompetenz in der Hochschullehre. Wiesbaden: Springer VS, 15-28.

Ufert, Detlef (2015a): Vier Lernräume für Schlüsselkompetenzen. In: Ufert, Detlef (Hrsg.): Schlüsselkompetenzen im Hochschulstudium. Eine Orientierung für Lehrende. Opladen: Barbara Budrich, 43-47.

Ufert, Detlef (2015b): Fachübergreifende Kompetenzen im Studium. In: Ufert, Detlef (Hrsg.): Schlüsselkompetenzen im Hochschulstudium. Eine Orientierung für Lehrende. Opladen: Barbara Budrich, 7-22.

Vogler, Petra (2010): Imaginationsreflexivität als Aspekt interkultureller Kompetenz - das Stiefkind interkultureller Kompetenzdiskussion. In: interculture journal. Online-Zeitschrift für interkulturelle Studien, Jg. 9, Ausgabe 12, 7-32.

Voss, Roediger; Gruber, Thorsten; Szmigin, Isabelle (2007): Service quality in higher education: The role of student expectations. In: Journal of Business Research, 60/2007, 949-959.

Watkins, David A.; Aalst, Jan van (2014): Comparing Ways of Learning. In: Bray, Mark; Adamson; Bob; Mason, Mark (Hrsg.): Comparative Education Research. Approaches and Methods. 2. Aufl., Cham: Springer, 365-385.

Weinert, Franz E. (2001): Vergleichende Leistungsmessung in Schulen - eine umstrittene Selbstverständlichkeit. In: Weinert, Franz E. (Hrsg.): Leistungsmessungen in Schulen. Weinheim: Beltz, 17-31.

Wildt, Johannes (2013): Was ist gute Lehre? – Ansichten aus dem Blickwinkel der Hochschuldidaktik. In: Claus, Stefan; Pietzonka, Manuel (Hrsg.): Studium und Lehre nach Bologna. Wiesbaden: Springer, 57-66.

Xia, Saihua (2009): Are They Ready to Participate? East Asian Students' Acquisition of Verbal Participation in American Classrooms. In: Issues in Applied Linguistics, Vol. 17, No. 2, 137-157.

KULTUR – KOMMUNIKATION – KOOPERATION

herausgegeben von Gabriele Berkenbusch und Katharina von Helmolt

ISSN 1869-5884

1   *Gabriele Berkenbusch und Doris Weidemann (Hg.)*
      Herausforderungen internationaler Mobilität
      Auslandsaufenthalte im Kontext von Hochschule und Unternehmen
      ISBN 978-3-8382-0026-2

2   *Vasco da Silva*
      Critical Incidents in Spanien und Frankreich
      Eine Evaluation studentischer Selbstanalysen
      ISBN 978-3-8382-0036-1

3   *Gwendolin Lauterbach*
      Zu Gast in China
      Interkulturelles Lernen in chinesischen Gastfamilien:
      Eine Längsschnittstudie über die Erfahrungen deutscher Gäste
      ISBN 978-3-8382-0082-8

4   *Katharina Bertz*
      Akkulturationsmodelle in der aktuellen Forschung
      Metaanalyse neuester wissenschaftlicher Studien über Akkulturation
      ISBN 978-3-8382-0126-9

5   *Sabine Emde*
      Immigration und Schwierigkeiten im deutschen Alltag
      Eine chinesische Migrantin in Deutschland
      ISBN 978-3-8382-0101-6

6   *Andrea Richter*
      Auslandsaufenthalte während des Studiums - Stationen,
      Bewältigungsstrategien und Auswirkungen
      Eine qualitative Studie
      ISBN 978-3-8382-0108-5

7   *Jessica Bielinski*
      Bikulturelle Partnerschaften in Deutschland
      Eine Studie über Diskriminierungen, Konflikte und Alltagserfahrungen
      ISBN 978-3-8382-0299-0

8   *Gabriele Berkenbusch, Katharina von Helmolt, Vasco da Silva (Hg.)*
      Migration und Mobilität aus der Perspektive von Frauen
      ISBN 978-3-8382-0156-6

9 *Ann-Kathrin Hörl*
Interkulturelles Lernen von Schülern
Einfluss internationaler Schüler- und Jugendaustauschprogramme auf die persönliche Entwicklung und die Herausbildung interkultureller Kompetenz
ISBN 978-3-8382-0361-4

10 *Gwendolin Lauterbach*
Hierarchie in internationalen Hochschulkooperationen
Eine Studie zu deutsch-kirgisischer Projektarbeit
ISBN 978-3-8382-0392-8

11 *Gabriele Berkenbusch, Elisa Wiesbaum, Jens Weyhe*
Zwischen Hochschule und Arbeitsmarkt
Die Absolventenstudie der Fakultät Angewandte Sprachen und Interkulturelle Kommunikation der Westsächsischen Hochschule Zwickau
ISBN 978-3-8382-0351-5

12 *Ciara Hogan, Nadine Rentel, Stephanie Schwerter (eds.)*
Bridging Cultures: Intercultural Mediation in Literature, Linguistics and the Arts
ISBN 978-3-8382-0352-2

13 *Katharina von Helmolt, Gabriele Berkenbusch, Wenjian Jia (Hg.)*
Interkulturelle Lernsettings
Konzepte – Formate – Verfahren
ISBN 978-3-8382-0349-2

14 *Alexandra Bauer*
Identifikative Integration
Über das Zugehörigkeitsgefühl von Migranten und Migrantinnen zu ihrer Aufnahmegesellschaft
ISBN 978-3-8382-0382-9

15 *Melanie Püschel*
Emotionen im Web
Die Verwendung von Emoticons, Interjektionen und emotiven Akronymen in schriftbasierten Webforen für Hörgeschädigte
ISBN 978-3-8382-0506-9

16 *Friederike Barié-Wimmer, Katharina von Helmolt, Bernhard Zimmermann*
Interkulturelle Arbeitskontexte
Beiträge zur empirischen Forschung
ISBN 978-3-8382-0637-0

17 *Nicola Düll, Katharina von Helmolt, Begoña Prieto Peral, Stefan Rappenglück, Lena Thurau (Hg.)*
Migration und Hochschule
Herausforderungen für Politik und Bildung
ISBN 978-3-8382-0542-7

18 *Sara Dirnagl*
„Because here in Germany". Kategorisierung und Wirklichkeit
Eine dynamische *Membership Categorization Analysis* von Migrationsberatungsgesprächen
ISBN 978-3-8382-1005-6

19 *Astrid Lohöfer und Kirsten Süselbeck (Hg.)*
Streifzüge durch die Romania
Festschrift für Gabriele Beck-Busse zum 60. Geburtstag
ISBN 978-3-8382-1000-1

20 *Yvonne Weber*
Interkulturelle Lehrkompetenz
Konzeption eines Kompetenzprofils für Dozentinnen am Beispiel der Dualen Hochschule Baden-Württemberg
ISBN 978-3-8382-1144-2

Sie haben die Wahl:

Bestellen Sie die Schriftenreihe
Kultur – Kommunikation – Kooperation
einzeln oder im **Abonnement**

per E-Mail: vertrieb@ibidem-verlag.de | per Fax (0511/262 2201)
als Brief (***ibidem***-Verlag | Leuschnerstr. 40 | 30457 Hannover)

Bestellformular

☐ Ich abonniere die Schriftenreihe *Kultur – Kommunikation – Kooperation* ab Band # ____

☐ Ich bestelle die folgenden Bände der Schriftenreihe *Kultur – Kommunikation – Kooperation*
____; ____; ____; ____; ____; ____; ____; ____; ____; ____

Lieferanschrift:

Vorname, Name ....

Anschrift ....

E-Mail.. | Tel.: ....

Datum .... | Unterschrift ....

Ihre Abonnement-Vorteile im Überblick:

- Sie erhalten jedes Buch der Schriftenreihe pünktlich zum Erscheinungstermin – immer aktuell, ohne weitere Bestellung durch Sie.
- Das Abonnement ist jederzeit kündbar.
- Die Lieferung ist innerhalb Deutschlands versandkostenfrei.
- Bei Nichtgefallen können Sie jedes Buch innerhalb von 14 Tagen an uns zurücksenden.

ibidem.eu

www.ingramcontent.com/pod-product-compliance
Lightning Source LLC
Chambersburg PA
CBHW070738230426
43669CB00014B/2499